LE PARFAIT
PÊCHEUR A LA LIGNE

LE PARFAIT
PÊCHEUR A LA LIGNE
AU FILET, ETC.

SUIVI

DU CALENDRIER DU PÊCHEUR

DES LOIS ET ORDONNANCES SUR LA PÊCHE

et d'un

TRAITÉ DE PISCICULTURE SIMPLIFIÉ

PAR

L. B. RENAULD

NOUVELLE ÉDITION, REVUE, CORRIGÉE ET AUGMENTÉE

d'un

Traité complet de l'établissement, de l'aménagement
et de la population de l'AQUARIUM

PAR

J. DE RIOLS

(E.-N. SANTINI).
Officier d'Académie.

———

PARIS

LE BAILLY, LIBRAIRE-ÉDITEUR,

6, RUE CARDINALE 6.

(Faubourg Saint-Germain.)

———

Droits de traduction et de reproduction réservés.

AVANT-PROPOS

La pêche, c'est l'action qui a pour objet de prendre, autant que possible, du poisson avec des lignes, des filets et autres engins. Notre *Manuel* s'adresse aussi bien au pêcheur de profession qui vit de sa pêche et la vend, qu'à l'amateur. Le pêcheur à la ligne, qui va pêcher pour son plaisir, ne pêche souvent rien, mais, du moins, il s'amuse en flânant sur le rivage. Est-ce là pêcher, nous dira-t-on ? Oui, certes, c'est pêcher, et surtout, si le sort est une seule fois favorable, car *toujours pêche qui goujon prend*.

La pêche, considérée comme récréation, n'est pas sans charme ; elle offre un passe-temps agréable, qui, chez certains amateurs, se transforme parfois en une véritable passion, comme la chasse et le jeu. Nous entendons par passion, en général, toutes les affections violentes pour les objets dont la possession procure un triomphe, mais dont on ne veut devoir la conquête qu'à soi-même, en employant la ruse ou l'adresse, en mettant à profit sa patience, sa pratique, son expérience. Le pêcheur guette le poisson, absolument comme le chasseur qui épie le gibier, comme le joueur dont le cœur s'émotionne et palpite d'espoir dans l'attente d'un coup heureux.

Qui n'a vu, le long de la Seine ou de toute autre rivière, qui n'a vu ces intrépides pêcheurs postés dans leur batelet ou bien assis sous l'arche d'un pont, ou bien perchés sur quelque talus de la berge ? Ils sont là, indifférents pour tout ce qui se passe au-dessus ou autour d'eux, attentifs, silencieux, cent fois renouvelant le même manége, à chaque instant retirant l'appât qu'ils ont tendu, toujours espérant quoique souvent mystifiés, et oubliant tous leurs désappointements quand la moindre proie vient mordre et se laisse prendre à l'hameçon !

Ces gens-là sont visibles partout, chaque contrée nous en offre des types. Notre but n'est pas de les décrire ; nous laisserons à d'autres plus habiles, le soin d'en tracer la physionomie. Nous voulons seulement résumer dans ce *Manuel* les principes généraux de la pêche à la ligne, principes que chaque pêcheur fait varier dans leur application, suivant sa pratique et sa propre expérience.

En conséquence, nous avons divisé notre *Manuel* en quatre parties : nous parlerons d'abord des instruments nécessaires au pêcheur à la ligne, de leur confection et de leur emploi ; ensuite des amorces et esches, de leur préparation, de leurs espèces et emplois différents ; puis du temps et des endroits les plus favorables à la pêche ; des différentes sortes de poissons d'eau douce, de leurs mœurs, et de la manière de pêcher qui convient à chacune de ces espèces ; enfin nous terminerons par un aperçu des divers genres de pêche, et par un chapitre spécial sur la construction, la population et l'entretien d'un aquarium.

LE PARFAIT
PÊCHEUR A LA LIGNE

DES INSTRUMENTS POUR LA PÊCHE A LA LIGNE

DES CANNES.

Une gaulette de 3 à 4 mètres de longueur, à l'extrémité de laquelle on adapte une baguette de bois flexible qu'on appelle *scion*, ou bien encore un long roseau de même dimension, qui va s'amincissant et qui se termine également par un bout élastique, peuvent suffire pour pêcher à la ligne (1). Mais, outre l'inconvénient de leur embarrassante longueur, ils ont encore celui de ne pas toujours être bien maniables ; et on ne se résigne pas facilement à se promener avec des perches de 12 à 15 pieds sur l'épaule.

Les cannes à pêche sont de beaucoup préférables ; car elles se démontent en plusieurs pièces ; elles se portent sans

(1) Moins il y a de pièces à une canne, plus elle est solide.

embarras aucun, et, de plus, suivant la pêche, on peut leur donner plus ou moins de longueur (1).

Il y a une foule d'espèces de cannes de pêche; on en fait en rotin, en jonc, en bambou, mais plus particulièrement en roseau; nous ne voulons pas les décrire, nous laissons aux amateurs le soin de les choisir à leur goût. Nous allons seulement parler de deux ou trois espèces de cannes qui pourront servir de type et de guide aux pêcheurs dans leur choix.

Avant tout, il faut savoir ce qu'on appelle un *pied de canne*, qui doit servir à l'emboîtage de plusieurs espèces de cannes. Il doit être fait de deux parties de planche de chêne creusées et ligaturées fortement ; ou bien il peut consister en un fort bout de bambou. Il doit avoir environ 75 centimètres de longueur, et 30 millimètres environ de diamètre pour recevoir le premier morceau. A l'extrémité opposée à celle où s'ajuste ce premier morceau, on adapte solidement une pointe de fer que l'on nomme *picot* et qui sert à fixer la ligne en terre.

Soit une canne de 4 mètres de longueur, en roseau et légère ; elle doit être divisée en quatre bouts. La première pièce qui s'adaptera dans un pied de canne, aura 1 mètre 30 millimètres; la seconde aura la même longueur ; la troisième aura 1 mètre, et la quatrième et dernière, que l'on nomme scion, 80 centimètres à 1 mètre.

Les trois premières pièces de cette canne seront en roseau, et on garnira le haut de chaque pièce d'une virole qui assurera la solidité. Pour éviter que la canne se démonte en pêchant, il faut avoir soin que chaque roseau entre l'un dans l'autre, d'au moins 1 centimètre. Quant au quatrième bout

---

(1) Les cannes se renfermant l'une dans l'autre ne sont bonnes à rien; elles n'offrent aucune solidité.

ou scion, il sera en divers bois flexibles et bien secs, tels que cornouiller, troëne, épine noire, orme, etc.

Cette canne sert à la pêche au coup, pour petits et moyens poissons.

Pour la pêche sans plume à la grande volée, de la truite à la mouche artificielle, du juerne aux insectes, il faut se servir d'une canne légère et très-flexible, afin de pouvoir lancer la ligne à la plus grande distance possible, à 8, 10, 12, et même 20 mètres. Comme la première canne que nous avons décrite, elle se divise en quatre morceaux. Elle doit se faire en bois plein, en frêne, par exemple. La première pièce doit être plus grosse du pied que du haut et figurer à peu près une queue de billard. La longueur qui est la plus convenable pour cette canne est de 4 mètres 60 centimètres que l'on divise en quatre longueurs égales de 1 mètre 15 centimètres.

Pour cette pêche, du reste, il est indispensable d'avoir un moulinet et des anneaux à la canne. Nous décrirons tout à l'heure le moulinet et la manière de placer les anneaux.

Nous allons parler d'une troisième canne ; celle-ci doit servir pour la pêche des gros poissons, tels que le brochet, la carpe, les gros barbillons, etc. Comme il faut qu'elle ait un certain degré de solidité, elle doit être faite de bambou ; elle se composera de cinq pièces toutes garnies de viroles et s'emmanchant solidement l'une dans l'autre. Le moulinet et les anneaux sont ici également nécessaires. Cette canne, avec ses cinq longueurs d'environ 1 mètre 33 centimètres chacune, peut, en ne la mettant pas tout entière, présenter trois cannes de différentes dimensions :

Avec trois pièces, 4 mètres;

Avec quatre pièces, 5 mètres 33 centimètres.

Avec les cinq pièces, 6 mètres 66 centimètres.

DU MOULINET ET DES ANNEAUX.

Le moulinet est une espèce de treuil qui s'ajuste sur le pied de ligne ; à ce treuil s'enroule la ligne qui passe ensuite par une série de petits anneaux, dits anneaux à corsets, placés le long de la canne, de distance en distance. Le moulinet doit être simple, les engrenages s'usant facilement ainsi que les trous de pivots ; il faut que rien n'arrête un moulinet : en posant le pouce sur la soie ou le cordonnet de la ligne, on la maintient facilement ; quand on veut l'arrêter, on passe la soie ou le cordonnet en dehors sur le tourniquet. Avec le moulinet, il devient plus facile de ramener les grosses pièces que l'on aura ferrées. En effet, le poisson se sentant pris, s'agite en bonds désordonnés et s'élance contre le courant ; on lui permet alors d'emmener la ligne, roulée autour du moulinet ; on le laisse se fatiguer, en le ramenant de temps en temps quand sa fougue semble s'arrêter, et on finit ainsi par s'en rendre maître facilement.

DES LIGNES.

La ligne s'attache au scion placé à l'extrémité de la canne; elle se fait ordinairement de fils retors, de fouet, de crin blanc dit florence, ou de cordonnet de soie. Il en est de plusieurs forces et de plusieurs espèces.

A huit ou dix centimètres environ au-dessus du hameçon, on fixe sur la ligne des petits plombs de chasse fendus, et, au-dessus du plomb, un tuyau de plume ou un bouchon de liége que les pêcheurs désignent sous le nom de flotte et qui peut se rapprocher ou s'éloigner selon la profondeur de l'eau ; il est arrêté sur le corps de la ligne par une cheville légère, par un fragment de plume qu'on introduit dans le trou de bouchon, ou par deux anneaux qui serrent le tube de la plume à ses deux extrémités contre le corps de la ligne.

Cette plume ou ce bouchon flottant à la surface de l'eau, avertit le pêcheur de l'action qui se passe sous l'eau, des mouvements du poisson autour de l'esche, de l'instant où le pêcheur doit, d'un coup sec de l'avant-bras, ferrer sa proie et s'en rendre maître.

C'est là, la ligne ordinaire pour pêcher au coup ou à suivre. Il y a plusieurs autres sortes de ligne, ainsi que les lignes à soutenir à la main ; mais toutes sont fabriquées de la même manière, sinon qu'elles sont plus longues, plus fortes, et que la plombée est différente et calculée sur le plus ou moins de vitesse du courant.

DES HAMEÇONS.

Le hameçon est un petit crochet de fer ou d'acier, armé en dessous, à son extrémité, d'une pointe appelée *barbe* ou *ardillon*. On l'attache aux lignes. Les hameçons se vendent au cent ou au détail. Chaque fabrique ayant son genre de facture, a presque toujours une différence dans la grosseur des numéros, il faut donc choisir les plus avantageux : ces numéros partent de 0,000 au numéro 16 ; ceux qui partent de 000 à 18, sont plus petits progressivement. Par suite de ces différentes factures, il arrive que le numéro 1 d'une fabrique est plus petit que le numéro 1 d'une autre fabrique ; il faut toujours avoir soin de choisir les hameçons les plus avantageux. Le meilleur, du reste, est de les choisir à l'œil ; c'est une habitude que donne l'expérience.

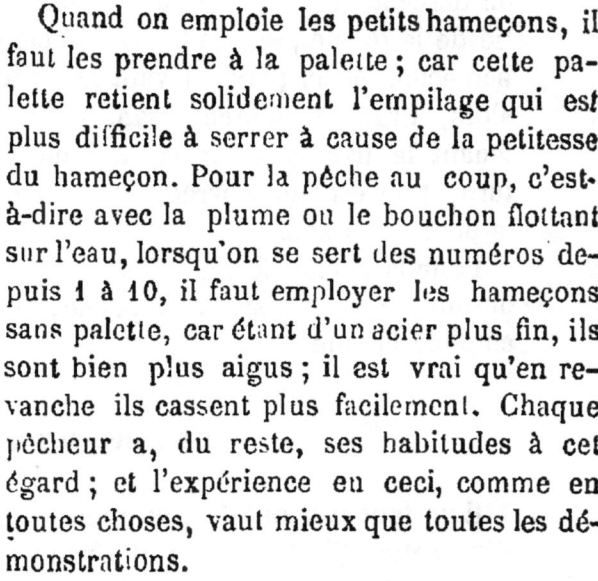

Quand on emploie les petits hameçons, il faut les prendre à la palette ; car cette palette retient solidement l'empilage qui est plus difficile à serrer à cause de la petitesse du hameçon. Pour la pêche au coup, c'est-à-dire avec la plume ou le bouchon flottant sur l'eau, lorsqu'on se sert des numéros depuis 1 à 10, il faut employer les hameçons sans palette, car étant d'un acier plus fin, ils sont bien plus aigus ; il est vrai qu'en revanche ils cassent plus facilement. Chaque pêcheur a, du reste, ses habitudes à cet égard ; et l'expérience en ceci, comme en toutes choses, vaut mieux que toutes les démonstrations.

Avant d'attacher le hameçon au bout de la ligne, il faut l'*empiler*, c'est-à-dire l'enrouler avec une racine, un crin, une soie de sanglier, de manière à cacher l'acier quand l'amorce sera mise.

Pour empiler un hameçon, petit ou gros, on doit le placer entre le pouce et l'index de la main gauche, la pointe aiguë en dessus et mettre l'empile du même côté ; jamais en dessous pour les hameçons à palette, car celle-ci étant coupante, elle couperait l'empile ; pour les hameçons sans palette, cette précaution n'est pas nécessaire.

Si l'empile est en racine ou crin simple, on la plie en deux, de la longueur de l'hameçon, on prend une soie fine que l'on a poissée, et l'on commence la ligature en arrêtant le petit bout sous le pouce, en montant trois ou quatre tours ; on enjambe sur les tours que l'on vient de faire, on ligature en descendant et en serrant assez fortement, jusqu'à la moitié de la queue ; on ouvre la boucle que fait l'empile sur le hameçon, et on passe devant le bout de la soie qui a tourné ; alors, tirant fortement, sans précipitation, sur l'empile, en tenant le hameçon fermé, la boucle coule et rejoint la ligature ; tout est alors arrêté, et on n'a plus qu'à couper au ras le bout de la soie.

Pour la pêche de jour, les empiles doivent être sur simple ou double racine, selon la pêche ; pour la pêche de nuit on emploie la soie.

DE L'ÉPUISETTE.

Il ne faut pas oublier, au nombre des ustensiles de pêche, l'épuisette. C'est un petit filet rond, de trente-trois à trente-cinq centimètres de diamètre, sur quarante-trois ou quarante-cinq centimètres de profondeur, monté sur un fort fil de fer et fixé à l'extrémité d'une gaulette d'un mètre à deux mètres de long environ.

En voici l'usage : si l'on vient à piquer de gros poissons la proie peut s'échapper ; l'épuisette sert à enlever le poisson lorsqu'il est amené au bord de l'eau ou au pied du pêcheur.

DES AMORCES ET ESCHES

On donne le nom d'amorce et d'esche à tout ce qui peut servir d'aliment au poisson.

L'amorce désigne plus spécialement ce qu'on jette dans une place de pêche pour y attirer le poisson. Les amorces sont différentes selon la pêche que l'on veut faire, quoique beaucoup de poissons de diverses sortes les mangent.

Quand cela est possible, il est bon d'amorcer la veille ou même quelques jours à l'avance, la place sur laquelle on veut pêcher, surtout dans les eaux tranquilles. Cependant on peut amorcer sur l'heure, au moment où on va commencer à pêcher; mais la pêche est alors moins abondante.

Il n'est convenable d'amorcer ainsi à l'avance, que dans les canaux, les étangs, les petites rivières, les haïs des grandes rivières, là où le courant dort, ou plutôt où il n'existe pour ainsi dire pas de courant. Dans les grandes rivières, là où l'eau est plus rapide, cela devient inutile, car le courant emporte tout, et rien ne reste plus pour appâter le poisson et l'amener à la place où on veut le pêcher.

Le ver blanc de viande que l'on nomme *asticot* est l'amorce dont on se sert le plus communément; elle est aussi la meilleure : mais les qualités n'en sont réellement reconnues que dans les grandes rivières. Dans les petites rivières, en effet, où le courant est presque nul, l'asticot n'attire absolument que le fretin; les poissons un peu gros qui, dans les grandes rivières, se jettent si avidement sur les asticots, les dédaignent dans celles-là. On ne peut guère donner d'explication plausible à cette différence. Est-elle due au peu de courant qui fait que le poisson ne court point à l'affût de ce qui passe, ou bien à la quantité d'herbes à graines qui se trouvent plus abondamment dans les petites rivières? Quoi qu'il en soit, cette différence existe, et il est nécessaire alors de changer ses amorces.

La meilleure manière d'amorcer avec l'asticot consiste à faire, avec de la terre grasse de rivière, de la terre franche et de la terre glaise même, des boulettes que l'on nomme pelotes. On les pétrit jusqu'à un certain degré de mollesse, assez fermes cependant pour ne point se dissoudre trop rapidement au courant; on y introduit à l'intérieur une certaine quantité d'asticots, et on les laisse tomber, ou plutôt on les conduit doucement avec la ligne à l'endroit qui devra être parcouru par la plume ou le bouchon. On en met ainsi sur un espace de dix mètres environ, le soir; et le matin, en arrivant on en met encore une ou deux. C'est la meilleure manière d'amorcer : et on peut alors pêcher avec toutes sortes d'esches.

Comme en général la manière d'amorcer rassemble le poisson auquel l'amorce plaît, on peut amorcer également avec du blé cuit, des vers de terre coupés, des fèves, des pois, du chenevis, de la graine de lin cuite; avec du sang caillé ou liquide.

Pour attirer dans un seul endroit toute sorte de poissons, un moyen presque infaillible est celui-ci. On fait avec de la terre franche, du sang caillé, du blé cuit, une bonne partie de son et des asticots, des boules grosses comme la tête, et on les laisse couler doucement au fond, à la place où l'on veut pêcher et sur la route que doit parcourir la plume.

Nous venons de parler de graines cuites que l'on emploie comme amorce, nous allons indiquer en même temps la manière de les faire cuire.

On prend une marmite de terre dans laquelle on introduit les graines ; on y verse de l'eau de façon à en couvrir la superficie de cinquante-quatre millimètres environ ; on bouche la marmite aussi hermétiquement que possible ; puis on la met sur un feu doux et on fait bouillir jusqu'à ce qu'il ne reste plus d'eau dessus. Alors on retire la marmite qu'on tient toujours hermétiquement fermée, puis on laisse refroidir. Les graines, de cette façon, se trouvent bien cuites et crevées, pour nous servir de l'expression consacrée en cuisine.

Escher, c'est mettre à l'hameçon tel ou tel appât ; bien des poissons se laissent prendre aux mêmes esches.

Nous ne détaillerons ici que l'emploi des esches et la manière de les *hameçonner*, qu'on nous passe ce terme, autrement dit enferrer ; nous donnerons l'emploi des esches par individu et par saison à la partie que nous consacrerons aux différentes espèces de poissons.

L'asticot est le *ver blanc de la viande* : on le trouve dans les voiries ; du reste, on en peut faire soi-même avec de la viande corrompue ou même du poisson. On le nettoie, on le rend plus blanc en le mettant dans du son. Il faut éviter de le laisser à la chaleur, sans cela il tourne en chrysalide, que l'on nomme *épinevinette*, et dans cet état, il n'est bon qu'à servir d'amorce. Cependant on peut encore s'en servir pour pêcher le gardon.

On l'enferre par le gros bout qui est la queue ; on peut en mettre plusieurs à l'hameçon. C'est du reste une esche excellente ; presque tous les poissons y mordent ; et il est facile de se le procurer. Nous avons parlé plus haut de la façon de l'employer comme amorce dans les pelotes. En le mêlant avec du crottin de cheval, et en le jetant au courant, il fait une excellente amorce pour le petit poisson.

On peut conserver assez longtemps l'asticot en le mettant dans de l'argile que l'on tasse légèrement et en le déposant dans un endroit frais, à la cave, par exemple.

Un autre appât, excellent comme esche pour tous les poissons, pour la brême surtout, et le petit barbillon, est le *ver à queue* qui se trouve dans les ruisseaux où s'écoule l'urine de vache. Comme l'asticot on l'enferre par la queue.

Les vers de terre, surtout les vers rouges, à tête noire et courts de corps, que l'on trouve facilement du reste à peu près partout, surtout dans les terrains humides, demandent, avant d'être employés comme esches une certaine préparation que voici : on les met dans un sac de toile à sec ou mieux avec de la mousse ; ils acquièrent par ce moyen, au bout de quelques jours, le degré de dureté nécessaire à l'emploi que l'on en veut faire.

Pour se les procurer, on enfonce en terre un bâton que l'on remue en tous sens ; ce qui les fait sortir. Un autre moyen peu connu est celui-ci : il n'est du reste praticable qu'au moment des noix. On met de l'eau dans un vase, on râpe dans cette eau, de manière à ce qu'elle puisse s'en imprégner, du brou de noix. On verse peu à peu cette eau ainsi chargée de brou de noix sur la terre, et après quelques instants, on voit sortir du sol des vers fuyant l'atteinte de cette liqueur quelque peu astringente.

On trouve aussi dans le fumier de cheval, dans les résidus végétaux en putréfaction, des vers cannelés, qui sont aussi très-bons.

Les chenilles, les papillons, les mouches vivantes, les grosses fourmis, servent aussi d'esches, mais seulement pour les poissons de surface ; avec les chenilles on prend aussi, à la pêche à fouetter, le petit juerne ; avec les papillons, les hannetons, le gros juerne, ainsi que le dard ou vandoise et quelquefois la truite; avec la mouche ordinaire et les grosses fourmis, on prend l'ablette, le petit juerne, avec la grosse mouche et l'abeille, le gros juerne, le dard. On enferre toutes ces esches par la tête, et le hanneton et la fourmi, par le corselet, du côté droit.

La ligne volante pour la pêche de la truite et la ligne de fond pour la pêche de l'anguille, du barbillon et du brochet, s'amorcent généralement avec des vérons, petit poisson du genre Cyprin, qu'on rencontre communément dans toutes les rivières.

On peut remplacer les mouches vivantes par des mouches artificielles que l'on se procure chez les marchands d'ustensiles de pêche. On peut du reste les fabriquer soi-même. On emploie pour cela de la soie, de la laine et de la plume; les meilleures plumes, quand elles sont un peu longues, se prennent sur les cuisses des coqs, les plumes fines des ailes de la perdrix, de la bécasse, la plume grise ou mieux la plume verdâtre du canard; en général les plumes qui se mouillent le moins sont préférables.

Voici le procédé de cette fabrication, donné par un amateur habile pêcheur :

« On arrache le pennon de la plume du haut en bas, et prenant de la soie de même couleur, on place l'hameçon entre les doigts, la pointe en dehors et en dessus: après avoir eu soin d'y empiler la racine, on fait deux ou trois tours avec la plume en bas du hameçon, et deux tours dessus avec la soie, ayant bien soin de passer entre les brins des pennes déjà ouvertes ; on continue de monter sur le hameçon, en tournant la plume très-serrée, mais à mesure qu'on fait trois tour de plume, on ajoute trois ou quatre tours de soie ; arrivé au bout de la plume, et du hameçon, du côté de la palette ou de la pointe, si ce sont des hameçons sans palette, on prend un petit bout de soie de 108 millimètres, que l'on double, on le place la boucle en dehors ;

on continue de tourner dessus avec la soie qui a retenu la plume, et passant le bout dans la boucle du dernier bout qu'on a posé sous le pouce, on tire fort sur un des deux petits bouts de soie qui passent, la boucle se serre et arrête le tout.

« Les hameçons se mettent plus ou moins gros, suivant la grosseur de la mouche que l'on désire faire ; mais la meilleure manière de prendre du poisson à la mouche artificielle, c'est de la faire sur les lieux ; on se couche au niveau de l'eau et on considère la mouche régnante ; on la fabrique en cinq minutes et on pêche.

« Pour faire les grosses mouches, on commence par le corps, et on place la plume en descendant, ce qui est le contraire des petites. »

Les fèves, le blé, le chenevis cuit, peuvent servir en toutes saisons ; nous avons donné plus haut la manière de les préparer. Pour les enferrer, on passe le dard du hameçon entre la peau, en ayant soin de ne pas la crever. Ces esches servent pour les carpes, les brêmes, les gardons et les tanches.

Le fromage de Gruyère est aussi une esche excellente, surtout pour le gros et le moyen barbillon, les gros gardons, les juernes de fond, etc. Pour s'en servir, on taille le fromage en petits morceaux carrés, que l'on place à toutes les lignes de fond, lignes à soutenir à la main, jeux, etc. Le fromage frais et de bonne qualité est de beaucoup préférable.

On se sert avantageusement, comme appât pour les plus gros poissons, pendant l'hiver, le printemps et l'automne de viandes crues ou cuites, surtout pour les lignes de fond. Avec cette esche les hameçons doivent être renforcés ; la viande se coupe par petits morceaux assez épais, et on attache ces morceaux au hameçon avec un fil de lin aussi ténu que possible.

La queue d'écrevisse crue s'emploie en toutes saisons et pour toutes sortes de poissons, qui en sont excessivement friands. On arrache la queue de l'écrevisse au ras de sa carapace, on en enlève avec soin les écailles, et on enferre à l'hameçon le petit morceau de chair gluante, qui reste après cette opération et qui a la forme d'un croissant.

Un autre esche qui présente les mêmes avantages que la viande crue, est le sang caillé. On se sert habituellement du sang de bœuf, mais le sang de veau est bien préférable. Pour le faire cailler au point de consistance requis pour qu'il tienne facilement à l'hameçon et pour qu'on puisse pêcher de fond, on emploie le procédé suivant :

On saupoudre de sel bien fin le sang encore chaud de l'animal, on y ajoute de l'alcool pur ou de l'absinthe, la valeur d'un petit verre ou deux suivant la quantité ; puis on le tient fortement comprimé entre deux planches pendant huit ou dix heures ; au bout de ce temps, il est plat et présente assez de consistance pour tenir à l'hameçon. Cette esche sert, dans l'arrière-saison pour la pêche du juerne et de la vandose. Il faut avec cet appât faire la plus grande attention, et ferrer à la première attaque du poisson et très-vivement, car le juerne a un talent tout particulier pour démonter l'esche à la première pression.

N'oublions pas de mentionner les fruits au nombre des esches ; ils sont utilisés suivant leur saison : la cerise, la groseille à maquereau, le raisin, etc., servent à pêcher, au lancé de surface, le juerne et la vandoise. Pour les enferrer il faut de gros hameçons, numéros 00 ou 1 ; on les tourne dans le fruit tout autour de la peau, mais sans la traverser. Pour le raisin, on se servira d'hameçons plus petits, par exemple des numéros 5, 6 et 7.

DU TEMPS ET DES ENDROITS

LES PLUS FAVORABLES POUR LA PÊCHE.

Toutes les saisons, tous les temps, tous les jours ne sont pas également favorables pour la pêche à la ligne. Aujourd'hui le poisson est affamé, il cherche partout à manger, il mord à l'appât ; le lendemain, c'est tout le contraire ; on a beau amorcer, tenter sa gourmandise par toutes sortes de friandises, le poisson fuit dédaigneusement l'appât. C'est au point que l'on dirait parfois qu'il a émigré en masse, qu'il a cherché sous d'autres cieux une eau plus féconde et transporté sa demeure dans des courants plus propices.

D'où viennent ces caprices, ces différences? C'est que les variations de l'atmosphère influent beaucoup sur le poisson; c'est que la plus grande chaleur ôte au poisson, même le plus vorace, l'appétit insatiable dont la nature l'a doué, appétit dont on a fait un proverbe; ne dit-on pas ; *gourmand comme un juerne ;* c'est encore parce qu'un vent sec et froid ride la surface de l'eau.

Nous allons donner quelques principes généraux ; ils suffiront, nous le pensons du moins, pour guider le pêcheur. L'expérience individuelle, comme nous l'avons dit, l'emporte sur toutes les démonstrations ; la pratique, surtout en fait de pêche, vaut mieux que les théories les plus belles du monde.

Les vents qui sont, suivant les saisons, ou secs ou froids, comme les vents du nord, du nord-est ou du nord-ouest, surprennent et inquiètent le poisson, qui cherche alors un refuge en terre, dans les trous ou sous les herbes, d'où il ne sort plus guère que la nuit. Plus l'atmosphère est légère, plus le poisson se tient tapi au fond des eaux.

Les vents soufflant du sud, du sud-est, et du sud-ouest rendent l'atmosphère chaude et lourde, surtout lorsque le temps est à l'orage et que des nuages s'amoncellent de toutes parts ; par un temps pareil, le poisson s'agite, marche et mange ; la pêche est bonne, par conséquent.

En résumé, par les vents secs et froids, les insectes ailés dont se nourrissent les poissons sont élevés au-dessus des eaux, et la pêche sera mauvaise ou nulle.

Par les vents humides et chauds, les insectes se précipitent sur la surface des eaux, et la pêche sera heureuse et abondante.

Un signe infaillible, du reste, par lequel les pêcheurs pourront reconnaître quelle pourra être leur chance, c'est l'hirondelle. Si elle vole haut, c'est que l'insecte est élevé ; si elle vole bas, c'est qu'il est pressé par l'air tiède et précipité sur la surface des eaux (1)

(1) Dans les temps orageux, le poisson éprouve une surexcita-

« Malgré les amorces, — a écrit le pêcheur émérite que nous avons déjà cité, — par un temps calme et un vent frais nord-est, le pêcheur fait peu de chose ; par le même temps, le vent plus fort, le pêcheur ne fait rien ; par un vent sud-ouest, temps clair et chaud, le pêcheur ne fera rien le soir et le matin, et presque rien dans la journée ; par le même vent bas, temps couvert, le pêcheur fera une bonne pêche ; par le même vent, s'il tourne au sud et au sud-est, et si le temps est orageux, surtout si les amorces n'ont pas été négligées, le pêcheur fera une très-bonne pêche. »

Voilà, des aphorismes qui en valent bien d'autres ; que dire de plus, que dire de moins ? Aussi avons-nous préféré citer entièrement le passage du livre auquel, du reste, nous avons déjà fait plus d'un emprunt.

Il ne suffit pas seulement que le temps soit favorable à la pêche, il faut encore savoir choisir les endroits les plus propices.

Les haïs sont presque toujours d'excellentes places pour la pêche. Un haï est formé par l'obstacle qu'oppose à un grand courant la pointe d'une île, une culée de pont, un renfoncement dans la berge ou une avance de terre dans la rivière. L'eau que resserre la vitesse du courant, remonte le plus souvent et revient sur elle-même. Dans les haïs, on trouve parfois une assez grande profondeur, pour que le poisson y vienne chercher un refuge ; cependant on doit pêcher à l'extrémité du haï, sur les limites du grand courant où le poisson foisonne d'habitude.

Une culée de pont, formant deux grands courants sous les arches, est généralement profonde ; il s'ensuit qu'on doit y faire de bonnes pêches.

tion due à l'influence électrique. Cette surexcitation se traduit par une activité extraordinaire et un redoublement d'appétit.

Somme toute, sont de bonnes places de pêche : la pointe des îles, entre les piliers, les bords profonds d'une haute berge, sous les bateaux longtemps stationnaires, dedans et près des trous, aux barrages des canaux, aux bords d'une gare près du courant de la rivière, à tous les obstacles qui forment haïs, à la suite des bouillons d'une usine ou d'un moulin.

Règle générale, le poisson mord mieux dans les courants, à leur suite et sur les côtés.

Nous ne donnerons pas plus d'étendue à nos instructions sur la pêche à la ligne; cet exercice, comme nous l'avons déjà dit, demande la pratique que donnent l'habitude et l'observation. Ce n'est que par elles qu'on pourra devenir redoutable aux hôtes des fleuves et des rivières et connaître les nombreuses variétés des dispositions dont on doit savoir tirer un parti avantageux. Parlons maintenant des diverses espèces de poissons.

DES DIVERSES ESPÈCES DE POISSONS

Des amorces et esches qui leur conviennent, de la saison et de la manière de les pêcher

ABLE OU ABLETTE.

L'ablette est un petit poisson d'un blanc argenté ; la chair en est molle ; elle n'a de prix que dans son extrême fraîcheur. On se sert des écailles de l'ablette pour faire des perles fausses.

On prétend que l'ablette réfugiée dans nos fleuves, est originaire de la mer Caspienne. Ceci nous semble un peu fort. Ce poisson est facile à prendre, nous en convenons, mais non pas pour un poisson de mer.

L'ablette se pêche avec des lignes fines, au bout desquelles on ajoute quatre petits hameçons amorcés avec des vers blancs, et attachés à un simple bout de crin. On amorce avec du son mouillé.

L'ablette mord toute la journée ; la pêche commence en mars et finit à l'hiver ; vers blancs ou asticots ; — hameçons numéros 16 ou 18.

ALOSE.

Encore un poisson moitié maritime, moitié fluvial. Il habite en effet la mer et ne remonte dans les fleuves qu'au printemps pour y déposer son frai, et il ne retourne dans les eaux salées qu'à l'automne.

C'est dans la Loire qu'on pêche le plus communément l'alose ; cependant on en rencontre aussi dans la Seine, dans le Rhin et dans le Rhône. On estime qu'on pêche annuellement dans le département de la Seine-Inférieure 12,000 aloses.

L'alose est un poisson dont la chair est excellente et d'une grande délicatesse, malheureusement les arêtes sont très-abondantes.

Comme l'esturgeon, l'alose ne se pêche qu'au filet, particulièrement à la senne. On fait également usage de nasses, de troubles et de tramails, selon la disposition des baies et anses dans lesquelles ce poisson se plaît plus spécialement.

ANGUILLE.

L'anguille est une sorte de serpent de rivière. Elle est de couleur triste et sombre, d'un brun noirâtre en dessus, d'un blanc livide ou rougeâtre en dessous. Elle n'habite que le fond des eaux ; si elle s'élève, ce n'est que pendant l'orage, sans doute à cause de la pression de l'atmosphère.

Les climats et la nature des eaux changent et modifient sa physionomie et ses allures. On prétend qu'elles meurent toutes dans le Danube ainsi que dans les rivières qui s'y jettent.

L'anguille multiplie depuis l'âge de douze ans et continue à multiplier jusqu'à l'âge de quatre-vingts ans.

Elle se tient le plus ordinairement dans la vase, dont sa chair contracte fréquemment le goût ; et elle n'en sort que pour aller à la chasse des insectes, des vers et des petits poissons dont elle se nourrit.

L'anguille a la faculté de se mouvoir sur terre ; quand l'étang, où elle fait son séjour, se trouve à sec, elle franchit, dit-on, d'assez longues distances. Vorace et peu défiante, on pêche l'anguille à la traînée, qui n'est en réalité qu'une espèce de ligne de fond. La traînée est une ficelle bien dévrillée, garnie de distance en distance de hameçon numéros 3 et 5 qu'on amorce avec des vers de terre. Cette pêche a lieu du 1er juin jusqu'à la fin de juillet.

Au mois d'août on amorce la traînée avec du goujon, et en septembre et octobre avec des ablettes.

On tend la traînée le soir et on la lève le matin.

On pêche aussi l'anguille à la ligne à soutenir (voir page 50) lorsqu'on a des eaux profondes et dormantes, on amorce alors avec des vers rouges.

Enfin on prend l'anguille avec des nasses, des verveux, des guideaux et même dans quelques localités à la fouane. (Voir pages 50 et suivantes ces différents engins.)

BARBEAU OU BARBILLON.

Le barbeau est un poisson qui devient quelquefois très-gros ; il tire son nom de deux barbes qui lui pendent au museau ; ses yeux sont petits, son dos est d'un blanc jaune légèrement gris ; sa chair est très-blanche, délicate et de bon goût.

On trouve le barbeau dans les rivières, où il vit d'insectes. Il est très-avide et très-vorace ; il passe pour être fort rusé ; il reconnaît froidement le danger, prend son parti de l'affronter ou de le fuir, et, selon sa résolution, il force ou prend le chemin qui l'en éloigne ; piqué, il se défend jusqu'à la mort.

On pêche généralement le barbeau à l'aide du carré ou de la senne, et aussi à la ligne. On fait usage de la ligne dormante, de la ligne à flotte, et surtout de la ligne de fond.

De fin mars à fin mai : vers rouges, viandes cuites ; 1er juin au 15 août, vers blancs dans les pelotes, fromage de Gruyère, queues d'écrevisses ; d'août à fin d'octobre, queues d'écrevisses, vers rouges, viandes cuites. — Hameçons de 3 à 8.

BRÊME.

La brême est un poisson plat à larges écailles ; quelques auteurs la classent parmi les carpes, dont elle diffère cependant sous beaucoup de rapports.

La brême aime les eaux dormantes et se tapit volontiers dans les racines des joncs qui croissent près du rivage ; on la trouve communément dans les rivières, les lacs et les étangs, elle acquiert jusqu'à cinquante centimètres de longueur.

Elle fraye en mai. On donne à Paris le nom de brémottes aux brêmes moyennes, et le nom d'henriots aux petites brêmes.

La brême qu'on pêche à l'aide d'une ligne à l'asticot exige un hameçon numéro 14 ; un numéro 15 si l'on amorce avec un seul ver, un numéro 10 ou 11 si on pêche avec du blé et un numéro 8 si on pêche au ver rouge.

En juin, on pêche au ver rouge ; en juillet, août et septembre avec du blé cuit.

Du reste tout ce qui a été dit au sujet de la carpe peut s'appliquer à la brême.

BROCHET.

Le brochet, qui fuit les eaux salées, qui le font considérablement maigrir, ne se trouve que bien rarement à l'embouchure des rivières ; il est d'une voracité inouïe, il s'efforce souvent d'avaler des poissons aussi gros que lui ; seulement à l'encontre des loups, les brochets se mangent entre eux.

Il est d'une fécondité prodigieuse, à en croire ce qu'on a avancé ; c'est-à-dire qu'on a compté jusqu'à 140,000 œufs dans un brochet femelle ; mais, à parler franchement, la foi que réclame une pareille fécondité ne se trouve pas elle-même, parfaitement à son aise.

Le frai du brochet dure trois mois : de février à la fin d'avril. De mars à septembre la pêche du brochet est nulle, car alors il dédaigne les appâts qui lui plaisent le mieux. Ajoutons, du reste, que le frai l'a tellement fatigué, qu'à cette époque la chair est détestable.

Le brochet ne mord volontiers que ce qu'il croit vivant; c'est par ce motif qu'on amorce le plus ordinairement avec un goujon, un rouget, une vandoise ou une grenouille vivante. On le pêche avec des hameçons isolés ou jumeaux, faits pour pouvoir résister aux secousses du poisson. On le prend aussi à la ligne volante, mais très-solide et munie d'un moulinet.

Lorsque le brochet saisit sa proie, il le fait si brusquement que si le pêcheur ne rendait pas la main, la ligne serait inévitablement rompue ; on doit donc alors laisser dévider quelques mètres de ligne, puis ensuite on roule le moulinet doucement, de manière à fatiguer progressivement la résistance. Il faut avoir le soin de ne jamais sortir le brochet de l'eau qu'à l'aide de l'épuisette.

Le brochet se pêche aussi à la ligne dormante, à la fouane et au filet, particulièrement à l'aide de la senne et de l'épervier.

De janvier en avril, d'octobre à fin de décembre : goujons, ablettes ou autres petits poissons vifs, petites grenouilles ; de mai à septembre : goujons, petits juernes au vif. Hameçons de 00 à 1.

CARPE.

La carpe est un excellent poisson d'eau douce qui vit d'herbes, de frai d'autres poissons, d'insectes aquatiques et même terrestres, qu'elle attaque en sautant à la surface de l'eau. On a cru longtemps qu'elle se nourrissait de limon ; il est reconnu aujourd'hui que c'est une erreur. Elle aime, en effet, à s'y tapir et à y barboter, mais seulement pour extraire de la vase les matières animales et végétales qui y sont contenues.

Les carpes varient de grosseur ; on en pêche parfois du poids de cinq à six kilogrammes, mais suivant nous, la meilleure carpe à manger est celle dont le poids oscille entre un et deux kilogrammes.

La carpe se pêche dans toutes les rivières, et on la *cultive* dans un grand nombre d'étangs, qu'on met à sec au moment des pêches, la Sologne, la Dombe, la Brenne, le Forest sont des pays renommés pour l'élevage de la carpe. Elle est commune dans la Seine et la Marne ; on la pêche à la ligne à l'épervier, à la senne et au tramail.

La carpe est fine et très-rusée. Pour la pêcher à la ligne, il faut choisir des grands fonds d'eau près des bords, peu ou pas de courant. On se sert pour appâts de vers, de pain, de

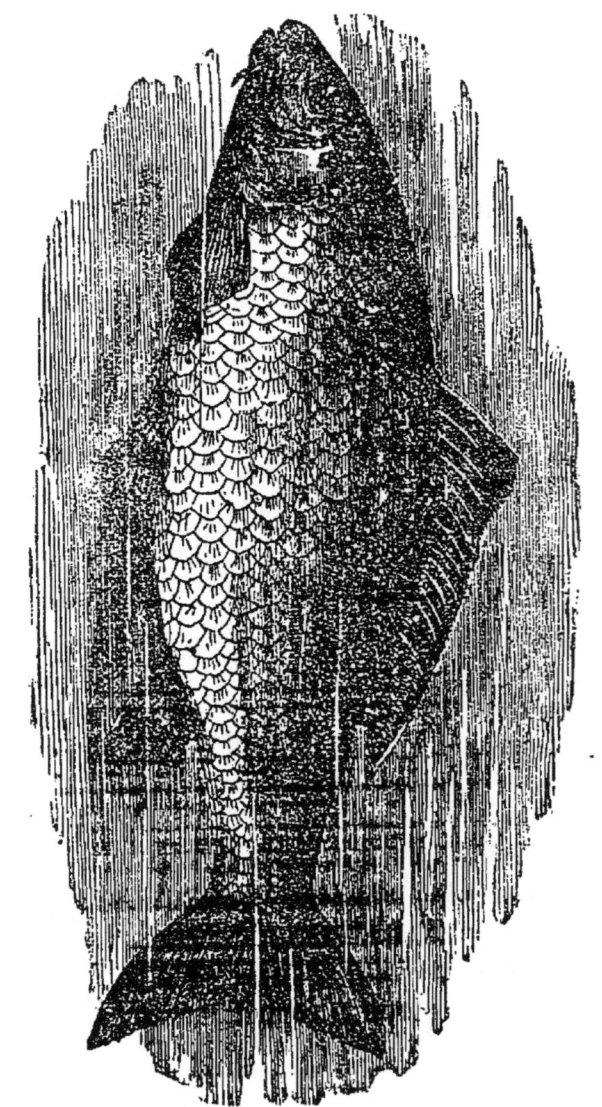

pâtée de chenevis, de fèves cuites. Quelques pêcheurs frottent l'hameçon avec de l'huile d'aspic et du camphre. Il faut amorcer avec de petites boules faites avec des fèves de marais cuites. On laisse tomber sa ligne avec précaution, sans bruit, sans piétiner sur le bord. Il faut que la ligne soit faite en crin, florence ou soie et armée d'un moulinet.

De mars à fin mai : vers rouges, blé cuit, fèves cuites; de juin à fin août, fèves, pois, blé cuit, vers rouges; septembre et octobre, vers rouges. Hameçons de 1 à 2; 8 à 10 pour le blé.

CHABOT.

Le chabot est un poisson assez commun, surtout dans la Seine. Sa longueur ne dépasse pas huit à dix centimètres. Il est facile de le reconnaître à sa grosse tête et à son corps brusquement conique.

Cette forme toute particulière le fait ressembler à ces rudiments de grenouilles auxquels on a donné le nom de *têtard*, dénomination que quelques pêcheurs lui conservent; d'autres désignent le chabot sans le nom moins expressif de *tête d'âne*. Quoi qu'il en soit, c'est sans doute sa forme disgracieuse qui lui a valu l'indifférence des gourmets, car sa chair est grasse et délicate.

Comme l'alose, le chabot ne se pêche pas à la ligne, à laquelle il ne mord pas; mais on le prend très-facilement à la trouble ou bien avec des nasses. Quand les instruments sont tendus, il faut avoir le soin d'agiter l'eau avec une longue perche, afin de faire sortir le chabot des trous dans lesquels il se tient caché.

DARD OU VANDOISE.

La vandoise est un joli poisson d'eau douce, long comme un hareng, mais plus large ; il nage avec tant de rapidité qu'il semble s'élancer comme un dard ; de là, lui vient le nom de dard, que lui ont donné les pêcheurs de la Loire.

On pêche la vandoise comme le barbeau.

Du 15 mars au 15 mai (à la ligne de fond), vers rouges, queues d'écrevisses, hannetons, chenilles ; du 15 mai à fin de juillet, chenilles, hannetons ; juillet et août, tous les insectes, fruits, queues d'écrevisses, mouches, grosses abeilles, bourdons, sauterelles, sang caillé, résidus des fabriques de cordes à boyaux, cervelle de veau crue. — Hameçons, de 0 à 12.

ÉCREVISSE.

Les écrevisses se rencontrent dans toutes les eaux courantes, dans les rivières et les petits ruisseaux. Leur nourriture consiste en insectes, en vers, en poissons morts et en chairs putréfiées.

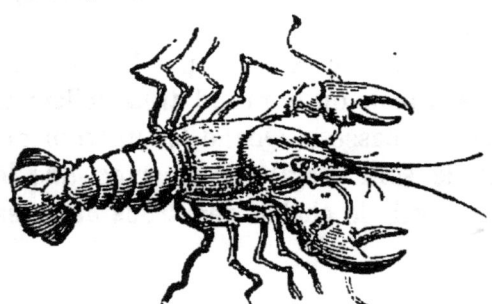

La pêche de l'écrevisse est un jeu qui plaît à tout le monde, même aux dames et aux enfants.

Elle se pratique à l'aide de *péchettes* ou *balances* : ce sont de petits cerceaux de bois ou mieux de gros fil de fer, de 40 centimètres environ de diamètre, garnis d'un morceau de filet

attaché autour du cercle ; on fixe à trois points également
espacés du cerceau, trois ficelles qu'on réunit à une certaine
hauteur par un nœud, et l'on a alors exactement le plateau
d'une balance ; on attache ensuite ce plateau au bout d'une
baguette, et voilà l'engin de pêche à écrevisse tout préparé.

Pour amorcer, vous prenez des grenouilles dont vous coupez l'avant-train, en ne conservant que les pattes de derrière
et les reins, et en ayant soin d'en arracher la peau. Avec une
ficelle vous liez votre appât au centre de la balance et vous
descendez celle-ci à 20 où 30 centimètres sous l'eau, en
ayant la précaution de rapprocher la balance le plus possible
de la berge, puis vous fichez l'extrémité de la baguette en
terre afin que l'engin n'éprouve aucune oscillation.

Supposez dix ou douze balances ainsi disposées, et vous ne
manquerez pas d'occupation.

Aussitôt que les écrevisses sentent l'odeur de la grenouille
dépouillée, elles sortent de leurs *chaves* et gagnent l'appât ;
bientôt chaque pêchette se garnit de 5, 6, 8 écrevisses. Vous
prenez alors doucement la baguette de la balance, vous soulevez celle-ci hors de l'eau et vous jetez la pêche sur le gazon,
puis vous retendez à nouveau.

Il nous est arrivé bien des fois, avec dix pêchettes et l'aide
d'une dame et de ses deux enfants, de pêcher 500 écrevisses
en une heure ou deux.

On pêche aussi l'écrevisse à la main en *chavant* c'est-à-dire en fouillant à la main les trous et les racines placés au-dessous du niveau de l'eau. C'est le moyen de prendre de
grosses écrevisses ; il n'y a aucun danger, sinon de s'écorcher
de temps en temps le poignet et le bras aux chicots des racines des arbres de la berge et parfois de se faire pincer par
les écrevisses à grosses pinces, mais on évite ce dernier inconvénient en *chavant* avec rapidité ou plutôt sans hésitation.

On pêche aussi les écrevisses au flambeau, la nuit ; on les voit alors se promener gravement sur le sable surtout lorsque le temps est à l'orage, et on a qu'à se baisser, plonger le bras dans l'eau et à les ramasser, en ayant soin de les saisir toujours par le milieu du corps.

Enfin on pêche l'écrevisse au fagot : on prend un fagot de bois biscornu, tordu, *grigneux*, comme disent les paysans ; on met parmi les branches des tripes ou de la viande corrompue ; on attache au fagot une pierre capable de le maintenir au fond, ou bien on arc-boute une bonne perche à fourchet qui remplit la même fonction, et le lendemain, de très-grand matin on retire le fagot qui contient toujours une abondante récolte d'écrevisses.

ÉPERLAN.

Qui ne connaît l'éperlan, ce petit poisson fusiforme dont la chair est si délicate et si savoureuse.

L'éperlan habite la mer et l'embouchure des fleuves, mais au moment du frai, c'est-à-dire au printemps, il remonte dans nos rivières où il se nourrit de petits mollusques et de vers aquatiques.

L'éperlan se pêche à l'aide de nasses, de guideaux, et d'échiquiers à mailles très-serrées.

On pêche également dans la Seine un éperlan bâtard qui ressemble assez à l'ablette, mais dont le corps est beaucoup plus effilé. On le nomme éperlan de Seine ; il apparaît par bandes au mois de novembre ; on le pêche soit au filet, soit à la ligne avec des hameçons numéros 16 et 17.

ESTURGEON.

L'esturgeon est un poisson de mer, qu'on rencontre cependant au printemps dans la Loire, la Garonne et le Rhin. C'est justement pourquoi nous en parlons ici. C'est le plus fort poisson qu'on pêche dans les fleuves de la France.

Malgré ses dimensions, l'esturgeon est peu vorace, il se nourrit de vers, de petits poissons et de grenouilles qu'il va déterrer dans les souches des herbes qui croissent le long des rivages. Il fraye en avril et mai.

C'est avec les œufs de l'esturgeon que les Russes préparent le *caviar*, qui n'est autre chose qu'une salaison des œufs de ce poisson, très estimé de ce peuple. Pour donner une idée de l'importance du *caviar* au point de vue de l'alimentation générale en Russie, il suffit de dire qu'on en fabrique 30,000 quintaux, représentant une valeur de 10 millions de francs.

La pêche de l'esturgeon dans nos fleuves se fait du mois de mars au mois d'août, non à la ligne, mais au filet, car ce poisson ne mord pas, il suce, et c'est pourquoi les hameçons les mieux préparés ne seraient d'aucune utilité dans cette sorte de pêche.

GARDON.

Le gardon est un poisson commun, qui se multiplie extraordinairement ; sa chair est blanche et n'est pas à dédaigner. Quelques gardons deviennent très-gros et on les appelle alors gardons carpés.

On dit qu'il tire son nom du mot *garder*, parce que de tous les poissons de rivière, il est celui que l'on peut le plus aisément conserver ; il ne s'afflige pas de sa captivité et vit très-bien et très-longtemps dans un baquet ou dans un simple vase rempli d'eau.

La pêche du gardon exige une canne légère, avec une ligne d'un seul crin et un hameçon numéro 10 ou 11. Il n'est pas rare de rencontrer des pêcheurs qui pêchent dans leur journée dix à douze kilogrammes de gardons.

Cette pêche dure toute l'année, elle doit avoir lieu de préférence le soir ; et le matin quand il fait chaud.

Gardon ordinaire : vers rouges au printemps ; vers de fumier, blé cuit, en été ; vers rouges en automne.

Gardon carpé : vers rouges, blé cuit, boulettes en été ; vers rouges en automne.

GOUJON.

Le goujon est un petit poisson fin et friand qui se trouve dans les rivières, où il se tient le plus ordinairement au fond de l'eau sur le gravier. On le prend facilement à la ligne, à la pêche au coup.

La longueur ordinaire du goujon est de 6 à 12 centimètres ; il a la mâchoire supérieure plus longue que l'inférieure. Sa chair, étant frite, est agréable à manger.

Le goujon se plaît sur les fonds sablonneux ; il fraye au printemps. Comme il ne quitte jamais le sol, il est nécessaire de bien connaître la profondeur de l'eau, afin que le hameçon appâté traîne au fond de l'eau, ou alors le goujon peut facilement le saisir.

La pêche du goujon à la ligne est surtout fructueuse du

1er août au 1er octobre; on fait usage de hameçons numéros 14 à 18, selon qu'on amorce aux vers blancs, aux vers rouges ou aux asticots.

GRENOUILLE.

N'en déplaise à ceux qui ne sont pas de notre avis, la grenouille est un mets exquis et délicat, qui mérite une place spéciale dans un traité de pêche.

On pêche la grenouille à la ligne, qu'on amorce avec des insectes vivants, du cœur de bœuf ou bien seulement avec un morceau de drap rouge.

La première condition pour réussir à cette pêche est d'observer le plus grand silence.

Mais lorsqu'on veut faire une pêche miraculeuse, il faut pêcher la grenouille aux flambeaux : l'un des pêcheurs entre dans l'eau armé seulement d'un sac, les autres allument des torches de paille et aussitôt, les grenouilles sortent de l'eau et viennent sur la berge pour admirer l'éclat de ce nouveau soleil. Pendant ce temps, le pêcheur qui se trouve dans l'eau et du côté de l'obscurité n'a qu'à les prendre et en emplir son sac, et cela sans difficultés ; il peut même se donner le temps de les choisir, car, dans ces conditions, la grenouille ne cherche pas à fuir.

L'heure la plus propice pour attraper ce gibier coassant est la première heure du matin, lorsque l'air est encore humide, ou vers midi, l'heure la plus chaude du jour, lorsque les grenouilles sortent en plus grand nombre de l'eau. Les pêcheurs de profession qui vont *grenouiller* (*frogging*, mot nouveau dans la langue anglaise) s'arment d'un bâton de trois pieds de long et recourbé au bout inférieur ; un panier, un couteau et une forte ficelle complètent leur attirail de pêche. Arrivé sur les lieux, si le jour est favorable, un novice sera peut-être étourdi et ébloui par la multitude de ses créatures coassantes qui l'entourent de tous côtés, mais quand il aura repris son sang-froid, il procédera à sa besogne; d'abord maladroitement et puis avec plus d'adresse. Il s'agit tout simplement d'asséner un bon coup à la grenouille sur la tête, de manière à la tuer sans la faire inutilement souffrir.

Son panier rempli, le pêcheur de grenouilles les porte au bord de la rivière, les *dépiaute*, les enfile à un cordon, et en forme un chapelet qu'il laisse dans l'eau pour les maintenir fraîches. Un adroit pêcheur en a bientôt tué et *dépiauté* cinq cents.

JUERNE, CHEVANNE OU MEUNIER.

Le juerne s'appelle aussi meunier, sans doute parce qu'il se rencontre fréquemment dans le voisinage des moulins; il y en a d'énormes. On prétend en avoir vu qui pesaient jusqu'à cinq kilogrammes.

Il se prend plus facilement à la surface de l'eau qu'au fond; et il est d'une gourmandise qui est passée en proverbe.

De mars en mai, ce poisson fraye et sa pêche doit être interdite jusqu'en mai; à la fin de juin, la pêche devient abondante et se continue sans interruption jusqu'à la fin de février de l'année suivante.

Les meilleurs appâts pour la pêche de la chevanne sont les insectes vivants, le pain de creton, l'asticot, la pâte de vers rouges, du sang caillé de bœuf et de la cervelle. Hameçons, numéros 3 et 4.

LAMPROIE.

De même que l'alose; le saumon et l'esturgeon, la lamproie est un poisson qui habite la mer et qui ne remonte dans les fleuves et rivières que pour frayer, ce qui arrive tous les ans au mois de mars.

La lamproie ne mord pas, elle a un appareil suceur pneumatique comme la sangsue, à l'aide duquel elle s'attache au corps des poissons dont elle veut faire sa proie, il n'est pas rare, lors de la pêche des aloses, de retirer des filets, une alose à laquelle est fixée une lamproie qui lui suce le sang. La lamproie est une véritable pieuvre qui attaque même de très-gros poissons, dont elle perfore la chair. Cette faculté toute particulière de succion exclut l'usage de la ligne, aussi la lamproie ne se pêche-t-elle qu'à l'aide de nasses, de louves et de verveux.

On pêche dans la Seine, la lamproie rouge ou *septœil* et la lamproie sucet ou de rivière. Les plus estimées sont celles de la rivière de l'Eure.

La taille de la lamproie varie entre 32 et 50 centimètres; sa chair est un peu huileuse, mais elle fait le délice de quelques gourmets.

LOCHE.

La loche est un poisson dont la chair délicate est recherchée par les gourmets. Elle se plaît dans les herbes des rivages, et le sable. Outre l'emploi de filets à mailles serrées, la loche se prend également à l'hameçon amorcé avec des vers de terre.

On connaît deux espèces de loches ; la franche et celle de rivière ; toutes deux très-estimées. On les rencontre communément dans tous les cours d'eau. Elles peuvent atteindre jusqu'à douze centimètres de longueur.

Ce poisson se pêche particulièrement aux mois d'avril et mai.

LOTTE.

La lotte est un excellent poisson, c'est personnellement notre avis. On la trouve dans toutes les rivières à eaux courantes et limpides où elle se cache le jour dans les trous des rives et sous les pierres. La lotte se nourrit de petits poissons, qu'elle attire en agitant ses barbillons, le fretin prenant ceux-ci pour des vers s'en approche imprudemment et la lotte le happe au passage.

La lotte fraye en décembre et janvier ; sa taille varie entre 30 et 50 centimètres.

On pêche la lotte avec des lignes de fond, disposées pour l'anguille, mais plus généralement on la pêche à l'aide de verveux, de nasses et de troubles.

On affirme que les lottes ne se pêchent que la nuit, parce qu'elle restent stationnaires pendant le jour ; cela n'est vrai que jusqu'à un certain point, car lorsque les rivières éprouvent une crue subite et que les eaux se troublent, elles sortent de leurs retraites aussi bien la nuit que le jour. Nous en avons plusieurs fois pêché à la senne en plein soleil.

OMBRE.

L'ombre de rivière est un poisson dont la marche est aussi

rapide que celle de la truite, d'où son nom : fuir comme une ombre. C'est un petit poisson, dont la taille ne dépasse pas 25 centimètres et dont le poids varie de 250 à 500 grammes; l'ombre de 500 grammes est même très-rare.

Ce poisson fraye à la fin de mai ; il se nourrit de vers, de mouches et d'insectes ; sa chair ressemble à celle de la truite, et, comme celle de cette dernière, elle est souvent saumonnée.

L'ombre se pêche avec une canne à moulinet et avec une ligne semblable à celle qu'on emploie pour la truite. On choisit un hameçon numéro 9 ou 10 qu'on amorce avec un ver ou un asticot.

PERCHE.

La perche est un excellent poisson ; elle est des plus voraces ; elle attaque et dévore les individus de son espèce. Elle porte sur le dos une défense qu'elle baisse ou qu'elle dresse, et, dans cette dernière circonstance, aucun ennemi ne peut l'approcher.

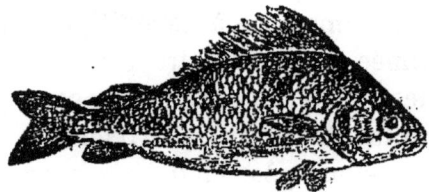

En France, la perche ne dépasse pas trente centimètres en longueur. Disons plus, une perche de trente centimètres est une rareté.

On doit la pêcher avec de fortes lignes et un hameçon numéro 7 ou 8, qu'on amorce avec un ou deux vers rouges bien purgés, ou mieux encore avec de menus poissons, tels que vérons, goujons, gardons, etc... La pêche commence en février pour finir en novembre.

La perche fraye au printemps, et elle ne peut se reproduire que lorsqu'elle a atteint l'âge de trois ans.

Dans les rivières profondes à eaux noires, la perche est commune ; dans les rivières découvertes on la trouve particulièrement dans les haïs autour des ponts et dans les fossés. Le pêcheur doit, pour ce genre de pêche, souvent changer de place, et lorsqu'une perche a mordu, toujours laisser entraîner la ligne avant que de piquer, car la bouche de la perche étant très-grande, on risque si l'on pique trop vite, de manquer le poisson.

SAUMON.

Le saumon est tout à la fois un poisson de mer et un poisson d'eau douce, c'est à ce dernier point de vue que nous en parlons ici.

Ce poisson nage avec une rapidité incroyable. On assure qu'il est capable de faire quarante kilomètres en une heure; ce chiffre nous paraît exagéré, puis nous nous demandons comment un fait semblable a pu être constaté.

C'est au commencement du printemps que le saumon remonte dans les fleuves. Il commence à se multiplier lorsqu'il a atteint sa cinquième année. Le saumon fraye au mois de mai et dépose ses œufs sur les fonds sablonneux des eaux peu rapides, quelquefois aux affluents des petites rivières

A cinq ou six ans, un saumon pèse cinq à six kilogrammes.

En Suède et en Norwége, on pêche des saumons de 20 à 40 kilogrammes.

Le saumon vit d'insectes, de vers et de petits poissons. On le pêche à la ligne, montée sur une forte canne armée d'hameçons numéros 2 et 3.

On pêche également le saumon à la senne, à l'épervier, au guideau et au verveux.

TANCHE.

La tanche est un poisson plutôt d'étang, de lac et de marais que de rivière ; ses écailles sont enduites d'une mucosité visqueuse. Ce poisson glisse dans les doigts comme l'anguille.

La tanche se plaît dans les eaux sourdes, dormantes. Ce poisson, assez agréable, est difficile à digérer ; celui qu'on prend dans les eaux courantes est de beaucoup préférable. Il est des plus vivaces, il a, comme on dit en terme de pêche, la vie dure : il n'est pas rare de voir la tanche à moitié frite se débattre encore dans la poêle.

La tanche fraye en avril et mai. Dans les bonnes localités, l'alevin se développe rapidement, et ce poisson peut parfois acquérir le poids de trois kilogrammes. On pêche la tanche avec succès de mai en septembre avec un hameçon numéro 7 ou 8 amorcé soit avec des vers rouges, soit avec une petite espèce de limace blanchâtre, qui se rencontre en quantité après une pluie d'orage sur les gazons et dans les jardins.

On pêche également la tanche dans des nasses amorcées avec des tripailles de volailles ou de lapins, souvent ce poisson se prend accidentellement en pêchant la carpe.

TRUITE.

La truite est un poisson très-recherché, très-délicat. Elle remonte contre le courant avec une agilité surprenante et saute parfois sur sa proie en dehors de l'eau.

La truite acquiert la longueur de 30 à 35 centimètres environ, elle pèse alors un demi kilogramme ; on la rencontre le plus souvent dans les eaux vives, les courants et les torrents à fonds rocheux ou caillouteux. Sa puissance de locomotion est telle qu'elle franchit sans difficulté les cascades les plus rapides, absolument comme le saumon.

Elle se nourrit d'insectes et de mouches; on l'accuse même de manger le goujon et la loche; on prétend qu'elle les déloge au fond de l'eau et qu'elle les poursuit en remontant à la surface, et qu'ainsi lancée de contre-bas en contre-haut, elle saute sur eux avec la vélocité de l'écureuil.

C'est surtout dans les mois de juillet et d'août que la truite est grasse et préférable; la pêche en est surtout fructueuse par un temps brumeux, de grand matin.

On pêche la truite à la ligne; celle-ci doit être munie d'émérillons (1), car l'émérillon, en faisant tourner rapidement l'appât sur lui-même, excite la truite à mordre, il faut la choisir forte, sans cela, le poisson, dans ses mouvements violents, parviendrait facilement à la briser. On emploie ou la ligne ordinaire ou la ligne volante. Cette dernière est préférable et doit être garnie d'un moulinet.

De janvier en avril, octobre et novembre, mouches artificielles, vers rouges. De mai en septembre, mouches et petits poissons vivants, particulièrement le véron, puis les hannetons et sauterelles. Hameçons numéros 3 et 9 pour les mouches; numéro 1 pour les vérons, hannetons et sauterelles.

(1) On nomme émérillon une articulation en acier qui divise la ligne dans plusieurs parties de sa longueur. Ces articulations sous l'action du courant, tournent rapidement sur elles mêmes et font par contre, tourner l'appât, en lui donnant l'apparence d'une proie vivante qui veut fuir l'ennemi.

VÉRON.

Le véron est un petit poisson très-commun dans toutes les rivières. Sa taille ne dépasse pas 8 centimètres. Il fraye en juin.

Le véron est particulièrement employé comme appât; cependant on le mange frit, et ainsi accommodé il remplace le goujon, mais il lui est bien inférieur.

On pêche le véron à la ligne, cependant nous préférons un petit épervier à mailles serrées.

CONSERVATION DU POISSON.

Lorsqu'un pêcheur se livre habituellement à l'exercice de la pêche, il lui arrive souvent de prendre plus de poisson qu'il ne peut en consommer, surtout quand il sait bien choisir les époques ou les espèces qui donnent plus particulièrement.

Le poisson de bonne garde est celui qu'on prend au filet, car l'hameçon a cela de fâcheux, c'est qu'il blesse l'animal et que la plaie peut parfois être dangereuse, cependant un pêcheur habile peut, avec quelques précautions *deshameçonner* un poisson, sans qu'il en résulte rien de fâcheux; il ne faut pour cela qu'un peu d'habitude.

Dans le cas de pêches abondantes, nous recommandons la huche simple, dans laquelle le poisson peut vivre et se conserver longtemps sans se détériorer.

La huche est une caisse en chêne, percée de trous, de manière que l'eau puisse y entrer et en sortir librement, le dessus est muni de deux charnières, ce qui permet de l'ouvrir à volonté et selon les besoins, cette porte ou trappe est disposée de façon à recevoir un cadenas, afin d'empêcher tout larcin.

On retire le poisson de la huche à l'aide d'une petite truble.

LE MACROPODE DE CHINE ET L'ÉPINOCHE.

Le *macropode*, connu en France depuis peu de temps, est originaire de la Chine, et a été, pour la première fois, importé chez nous par notre consul dans ces lointains pays. Son corps, court et large, est revêtu d'écailles brillantes, de diverses nuances, dont l'assemblage présente l'aspect le plus agréable. De la tête à la queue, sur le dos et les flancs, courent des bandes multicolores du plus charmant effet. La nageoire caudale est longue, circulaire, et se déploie gracieusement en éventail. Ce poisson se construit un nid et y pond des œufs que la femelle couve.

Le macropode n'est pas, d'ailleurs, le seul poisson qui soit dans ce cas : l'*Épinoche* (famille des *Joues-Cuirassées*) se construit aussi un nid. C'est le mâle qui se charge de ce soin et plusieurs femelles viennent y déposer des œufs : il les féconde ensuite et il en surveille attentivement l'éclosion. Lorsque les petits sont nés, il les entoure de soins nombreux, les conduit, assiste à leurs ébats et les protège jusqu'à ce qu'ils aient atteint leur complet développement. Plusieurs ichthyologistes, *Coste* surtout, ont tout particulièrement étudié les mœurs de cet étrange petit poisson, dont le caractère est tellement hargneux qu'il vit difficilement dans un aquarium avec d'autres espèces.

DIVERS GENRES DE PÊCHE

PÊCHE A ROULER OU AU COUP.

C'est la pêche à la ligne la plus ordinaire.

Après avoir amorcé une place, dans un fond d'eau d'un ou deux mètres, et dans un endroit où le courant se fait sentir sans être trop rapide, on laisse tomber sa ligne à quelques pieds devant soi et au-dessus du courant ; le plomb dont elle est armée entraîne au fond l'esche ; la plume ou le bouchon surnage et suit doucement le courant.

Dès que la ligne est jetée, il faut rester immobile en tenant toujours l'œil fixé sur le liége ou le tuyau de plume, dont le mouvement indique quand le poisson mord et a mordu. Quand on s'en aperçoit, il ne faut pas se presser de tirer la ligne.

Dès que la plume ou le bouchon s'enfonce, on peut juger que le poisson cherche à se retirer ; c'est alors qu'on donne à la ligne une secousse du poignet, jamais de l'avant-bras, pour piquer ou ferrer le poisson et faire entrer la pointe de l'hameçon dans son gosier.

A cette pêche, on prend le plus souvent du petit et du moyen poisson ; quelquefois du gros, suivant les amorces et les esches employés.

PÊCHE A FOUETTER.

On choisit, pour place de pêche, dans les rivières à courant, une petite langue de terre ou de sable qui fait promontoire, et qui, offrant un obstacle au courant, en augmente la rapidité.

On amorce avec de la terre glaise mêlée de vers blancs, de son et de crottin de cheval, puis on prend une ligne fine, montée sur crin et armée de trois ou quatre hameçons, mais sans plume ni bouchon.

On la lance devant soi, et à mesure qu'elle revient ramenée par le courant, on la retire d'environ trente centimètres par un petit coup de poignet, et on la laisse aller d'autant.

Ce mouvement de va-et-vient pique les poissons qui prennent l'esche ; quand la ligne a pris le courant, on continue le même mouvement de poignet cinq ou six fois, et on relance sa ligne en jetant en même temps un peu d'amorce.

Cette pêche est très-amusante et procure en peu de temps une grande quantité de petits poissons.

Quand on a fait cette pêche pendant quelques heures, on prend sa ligne à rouler ; et comme les amorces qu'on a jetées pour la pêche à fouetter, ont fait monter des moyens et même des gros poissons, il arrive souvent qu'on rapporte de fort belles pièces.

PÊCHE A LA LIGNE DORMANTE.

On prend pour cette pêche un certain nombre de cannes ou gaulettes longues et fortes ; on les place de façon à ce qu'elles soient assez voisines l'une de l'autre et assez rapprochées du bord de l'eau pour qu'on les aperçoive toutes sans sortir de sa place.

Le pêcheur a soin de piquer en terre le gros bout de chaque perche, non perpendiculairement mais horizontalement, et en l'inclinant assez pour qu'il n'y ait que deux ou trois pieds de distance entre la surface de l'eau et le scion.

Quand il a tendu ainsi toutes ses perches, il se tient assez éloigné de l'eau pour n'être point aperçu du poisson, mais de manière toutefois qu'il puisse voir les liéges de toutes les cannes, afin d'être averti s'il y a un poisson de pris.

Il doit avoir encore la précaution d'attacher vers le gros bout de la canne une petite fourchette de bois qu'il enfonce dans le sol, et qui, étant un peu inclinée, forme relativement à la perche un petit arc-boutant, lequel pénètre d'autant plus dans le terrain que le poisson tire la perche avec plus de force.

Le pêcheur peut, s'il veut, ne pas mettre de bouchon, adapter au bout du scion un petit grelot. Cette manière est d'autant plus avantageuse, que l'œil n'est pas obligé, comme pour les autres lignes, d'être fixé dessus et qu'on est averti de l'attaque du poisson. Mais quand on a plusieurs grelots tendus, il faut être fort prompt à se porter à celui qui sonne ; car le poisson ne se pique pas seul ; ou au moins cela n'arrive que très-rarement.

Ainsi, quand un grelot s'agite, le pêcheur doit y courir, et il est bon que les grelots aient un ton différent, afin que l'oreille reconnaisse celui qui sonne.

Alors on saisit sa ligne en avant à la longueur du bras droit, et on attend une seconde attaque du poisson qui, si elle a lieu, indique par la résistance à la main qu'il faut ferrer fort et sec.

PÊCHE AU LANCÉ.

On se sert pour cette pêche d'une canne armée d'un moulinet, et d'une grande ligne de crin, que l'on adapte à la soie du moulinet. On se place sur un pont, un bateau, une berge élevée, on lance sa ligne et on la laisse aller au courant en déroulant le moulinet de la main gauche ; on tient la canne de la main droite, allongée sous le coude le long du bras, la pointe élevée, de façon à former une grande bannière.

L'œil doit se fixer sur cette bannière ; car elle indique si le poisson a mordu. Lorsqu'il mord, en effet, il entraîne la ligne avec l'esche ; alors la bannière s'allonge ; il faut alors ferrer vivement en tirant la canne en arrière.

PÊCHE A LA GRANDE VOLÉE.

Comme pour la pêche au lancé, on se sert de la canne au moulinet et d'une ligne en crin attachée à la soie. Cette ligne, n'ayant ni plomb, ni plume, ni bouchon, on la lance au courant qui l'étend ; on laisse suivre un peu la canne, en la relevant doucement jusqu'à ce que le hameçon s'aperçoive sur l'eau, et on ramène vivement la ligne en arrière d'un premier coup de poignet ; puis d'un second coup rapide on la lance au courant, plutôt en remontant qu'en descendant. On laisse doucement aller le hameçon, l'œil fixé sur la bannière qu'on doit avoir soin de conserver égale. Sitôt qu'on s'aperçoit qu'elle file, on ferre rapidement, car c'est un poisson qui vient de saisir l'esche.

Quand la ligne atteint sa longueur au courant, on la maintient un moment dans cette position, puis on la laisse se rapprocher du bord, et de là, d'un coup de poignet en arrière on la ramène, et d'un autre coup de poignet on la lance de nouveau en plein courant.

Cette manœuvre s'emploie surtout pour pêcher à la mouche artificielle.

PÊCHE A LA LIGNE A SOUTENIR A LA MAIN.

Pour cette pêche on ne se sert pas de canne. On prend une longue ligne garnie d'une plombée à coulant.

Il faut, pour cette pêche se placer, autant que possible, sur une hauteur, sur une berge élevée, un chemin de halage ou un pont.

Pour lancer sa ligne, on la dépelotte d'abord de l'empiloir et on la roule sur un assez grand espace, de manière à ce qu'elle puisse facilement se développer; puis on prend la ligne à un peu plus de un demi mètre au-dessus de la plombée, et on la lance à l'eau à la distance que l'on veut.

Lorsque la plombée tombe à l'eau, on soutient la ligne avec la main, et on laisse la plombée tomber au fond. On tient alors la ligne de la main droite, sans trop la tendre.

On attend alors patiemment l'attaque du poisson. Quand la ligne se tend, on ferre vivement en tirant la ligne à soi. Du reste, pour les doigts tenant la ligne, le toucher du poisson est bien plus sensible qu'à la canne ; de plus, n'ayant pas celle-ci à relever, le poisson arrive jusqu'à la main qui n'a plus qu'à le saisir.

La pêche à soutenir à la main a un avantage qui n'est pas à dédaigner. C'est qu'on peut aller pêcher partout au loin sans avoir l'air d'un pêcheur. On met la ligne dans sa poche ainsi que les esches, et on n'est pas embarrassé de tout l'attirail qu'il faut pour toute autre pêche.

PÊCHE A LA LIGNE DE FOND.

Le premier pêcheur à la ligne qui s'est senti des douleurs dans les articulations a dû, après bien des efforts de patience, inventer la ligne de fond.

La ligne de fond est la chose moins l'homme ; ce qui est, je présume, d'une notable différence. L'homme est remplacé par une pierre, ou par une bûche, ou par un piquet.

A ces points d'arrêt sont attachés des crins, ou des ficelles, ou des cordes ; à ces cordes sont accrochés des hameçons, et à ces hameçons les esches. Le poisson vient mordre aux appâts, et l'hameçon recélé le tient en respect, maintenu qu'il est lui-même par le piquet, la pierre ou la bûche. l'homme n'y est pour rien ; il arrive plus tard pour profiter comme bien d'autres, des événements et jouer tout simplement le rôle de l'homme du lendemain.

Il y a des lignes de fond qu'on appelle cordeaux. C'est une corde transversalement placée dans la rivière, et qui est chargée de deux mètres en deux mètres, ou de mètre en mètre, d'une série innombrable d'hameçons.

Il y en a qui appellent ceci pêcher à la ligne ; soit, après tout, cela dépend beaucoup de la manière de voir les choses.

PÊCHE A LA TRAINÉE.

La traînée est une ligne de fond. Elle se place le soir. Elle se compose d'une grande ligne, le long de laquelle on attache, de distance en distance, un certain nombre d'hameçons avec leurs empiles. Plus la traînée est longue, plus la distance qui sépare les hameçons entre eux doit être longue. A l'extrémité de la traînée on attache une grosse pierre qu'on laisse aller à fond à quelques mètres du bord, et sur la longueur de la ligne, à chaque distance qui mesure trois ou quatre hameçons, par exemple, on met une plus petite pierre qui maintient ce fragment de ligne au fond de l'eau.

On esche ses hameçons avec des vers rouges ou du petit poisson vif, particulièrement du véron.

Le matin, dès l'aube, on lève la grosse pierre qu'on a laissé tomber la veille ; on ôte les hameçons à mesure de leur arrivée, et on jette le poisson, quand il s'en trouve pris, dans un baquet rempli d'eau.

On conçoit, du reste, que pour se servir de cette espèce de ligne de fond, il faut avoir un bateau et être au moins trois, quand la traînée est longue surtout.

Une des trois personnes retient le bateau et l'empêche de descendre trop rapidement le courant ; une autre range et pelotonne la ligne et les hameçons ; et la troisième lève la ligne, défait les empiles et ôte le poisson pris.

PÊCHE AUX JEUX.

Les jeux se posent la nuit aussi bien que le jour : c'est une espèce de traînée, qui ne se jette pas comme la précédente. On la descend à l'eau dans des endroits où il y a assez de courant pour emporter le corps de ligne en avant.

On se place pour cette opération, dans un bateau, sur des trains de bois ou sur des ponts.

On esche l'un après l'autre une certaine quantité de jeux, 6, 8, 10, 12, 14, avec des vers rouges, du fromage de Gruyère, ou de la viande, si l'eau est froide.

Sitôt que le dernier jeu est placé, on relève le premier, et ainsi de suite. Comme cette pêche demande beaucoup de temps pour relever un jeu, retirer le poisson, s'il y en a, et changer l'esche, on est toujours occupé.

Il faut être jeune et réellement amateur pour ce genre de pêche, qui ne laisse pas d'être fatigant. Chaque jeu, en effet, se trouvant placé de 5 à 7 mètres de distance l'un de l'autre, la marche qu'il est nécessaire pour les relever, les escher, les remettre à l'eau successivement, devient un véritable exercice, dont souvent, au reste, on recueille les fruits par une pêche abondante et lucrative.

PETITS JEUX POUR LES ANGUILLES.

Dans les petites rivières, où il n'existe pas les mêmes moyens de locomotion que dans les fleuves et dans les grandes rivières, on se sert de plus petites traînées. Voici en quoi elles consistent.

On prend une ligne semblable à celle dont on se sert pour pêcher à soutenir à la main. La seule différence est que le plomb se place après les hameçons. Ceux-ci sont au nombre de six ou huit, de cinquante en cinquante centimètres environ, sur des empiles attachées au corps de la ligne et longues de huit centimètres à peu près.

La ligne, pour ce genre de pêche, se fait en fouet de lin et doit être d'une longueur de seize à dix-sept mètres.

On l'apprête sur le bord, afin que rien ne s'enmêle, on en

attache l'extrémité, puis on lance le plomb le plus loin possible en plein courant.

La ligne se trouve ainsi tendue, et le lendemain matin on vient la relever et la dégarnir du poisson qui s'est enferré.

A cette pêche on prend non-seulement des anguilles mais encore des truites.

Une manière de pêcher l'anguille, usitée dans certaines localités, et qui est peu connue, consiste dans la manœuvre suivante :

On enfile dans un fil très-fort, une certaine quantité de longs vers de terre, de façon à le cacher entièrement. On replie ce fil sur lui-même, jusqu'à ce qu'il forme une espèce de gland. On attache ce gland de vers à une longue gaule et on le laisse, au fil de l'eau, flotter aux endroits que l'on sait recéler des anguilles.

L'anguille, attirée par la grosseur de l'appât et par la gourmandise, s'élance sur lui, le happe; alors on saisit cet instant, et par un coup sec et vigoureux du poignet, on rejette vivement la gaule en arrière. Le poisson est alors entraîné sur le pré, où on peut le saisir.

C'est, du reste, il faut le dire, une pêche qui demande une patience à toute épreuve et beaucoup d'habitude.

PÊCHE DE NUIT DANS LES ÉTANGS.

On se munit de forts morceaux de liége ou de planches carrées; au milieu et au-dessous, on attache de solides bouts de lignes en soie ou en fil de lin, qu'on arme de forts hameçons numéros 00 ou 1; on les esche avec des vers rouges ou avec des petits poissons vivants.

On place, le soir, une quantité de ces morceaux de liége ou de ces planches dans plusieurs endroits de l'étang, et le lendemain matin, on vient les relever, on les trouve le plus ordinairement, garnis de poissons d'une assez notable grosseur.

PÊCHE AUX FASCINES DANS LES LACS, RIVIÈRES, ÉTANGS.

Cette pêche rapporte considérablement, voici en quoi elle consiste :

On choisit une place à fond uni, profonde de deux à trois mètres, et dont le carré mesure environ de sept à dix mètres sur chaque face.

Les quatre coins se marquent par de forts pieux enfoncés dans le lit de la rivière et dont la tête doit s'élever de quinze centimètres environ au-dessus de la surface de l'eau.

A leur extrémité s'attachent des cordes, et l'intervalle de pieux se garnit à deux mètres de distance. Il faut laisser cependant l'intervalle nécessaire pour l'entrée de bateaux chargés de fascines de bois mince, qu'on fait descendre au fond de l'eau au moyen de pierres dont on les charge ; on en remplit le carré, ou à peu près, en les plaçant les unes sur les autres. Une fois que ces fascines ont servi et qu'elles se sont par conséquent imbibées d'eau, on n'a plus besoin de les charger de pierres, elles descendent d'elles-mêmes au fond sans qu'il faille recourir à aucun autre poids que le leur.

On laisse ces fascines séjourner tranquillement au fond de l'eau pendant les mois de mars, avril et mai : dès le mois de juin, le poisson y a pris domicile en grande quantité.

On entoure alors le carré de filets, on retire les fascines, et le poisson reste prisonnier ; on le pêche le plus ordinairement, à l'épervier.

PÊCHE A LA BOUTEILLE.

Cette pêche ressemble à celle dite *à la nasse*.

La nasse, comme on le sait, est un panier en osier, en dedans duquel sont pratiqués plusieurs goulets larges et disposés de telle sorte, que les pointes des bouts d'osier, font obstacle dans un sens afin que le poisson puisse aisément entrer, mais non sortir, car ces bouts d'osier piquent et repoussent le poisson qui veut s'échapper par le chemin qu'il a pris pour s'introduire dans l'engin.

La pêche à la bouteille a beaucoup d'analogie avec la pêche à la nasse, mais elle a un agrément de plus : en effet, on assiste à l'emprisonnement de chaque poisson que sa curiosité et sa gourmandise entraînent dans le piége.

Les efforts qu'il fait pour sortir de sa prison, la pétulance de chaque nouvelle victime qui ranime la vivacité de celles qui l'ont précédée, présentent un spectacle qui n'est pas sans attrait.

Les bouteilles ou carafes qu'on emploie, doivent être grandes, larges et en verre blanc ; elles doivent avoir cinquante centimètres, y compris le goulot qui est court et à un diamètre de cinquante-cinq millimètres ; le corps de la bouteille doit avoir vingt-deux centimètres. Le fond est un cône de quatre-vingt-deux millimètres de renfoncement et présente à son extrémité une ouverture de vingt-cinq à vingt-sept millimètres.

On bouche le goulot avec du liége, à travers lequel on passe un petit tuyau de plume que l'on coupe à ras. Ce petit tuyau a pour but de donner à l'air la facilité de s'échapper lorsque l'eau s'introduit par le bas.

On attache à l'anneau du goulot une longue ficelle, on met dans l'intérieur quelques pincées de son et on la lance à quelque distance du bord, de manière à ce que la bouteille descende, sur un fond de sable fin ou de vase à soixante-dix centimètres, à un mètre au-dessous de la surface de l'eau.

La bouteille étant de verre blanc et transparent, l'on peut, surtout si l'eau est claire, voir tout ce qui se passe dans l'intérieur et assister au drame dont elle va être le théâtre.

Quelquefois il faut attendre assez longtemps l'entrée de la première victime ; mais celle-ci, une fois dans sa prison, tous les autres poissons, entraînés par l'exemple, et nouveaux moutons de Panurge, ne tardent pas à s'y précipiter à l'envi ; l'on est alors certain de voir en peu de temps la bouteille se remplir de toutes sortes de petits poissons.

Chaque fois que la bouteille est garnie de prisonniers, on la retire, on enlève le bouchon et on la vide dans un seau ou dans un petit baquet que l'on a préalablement rempli d'eau.

Il y a une foule d'autres manières de pêcher, car chaque espèce de poisson demande, pour ainsi dire, un savoir-faire particulier ; nous avons préféré nous en tenir aux données générales, laissant à l'observation et à l'expérience le soin, nous dirons plus, le talent d'appliquer en particulier ce que nous avons dit en thèse générale.

Nous terminerons cet exposé par quelques mots sur la pêche à l'épervier, au gille, à la trouble, à l'échiquier ou carrelet, au verveux, à la louve, au guideau, au tramail, à la nasse et à la senne. Nous croyons faire plaisir à nos lecteurs en leur donnant ces détails qui peuvent souvent trouver leur application. Tout en nous adressant plus particulièrement au pêcheur à la ligne, nous sommes persuadés que cette digression ne sera pas sans intérêt pour ceux qui nous liront.

DES FILETS.

DE L'ÉPERVIER.

L'épervier est trop connu pour qu'il soit besoin de le décrire ; nous croyons qu'il est plus utile de donner des indications précises pour le lancer, opération qui demande de la force et surtout de l'adresse :

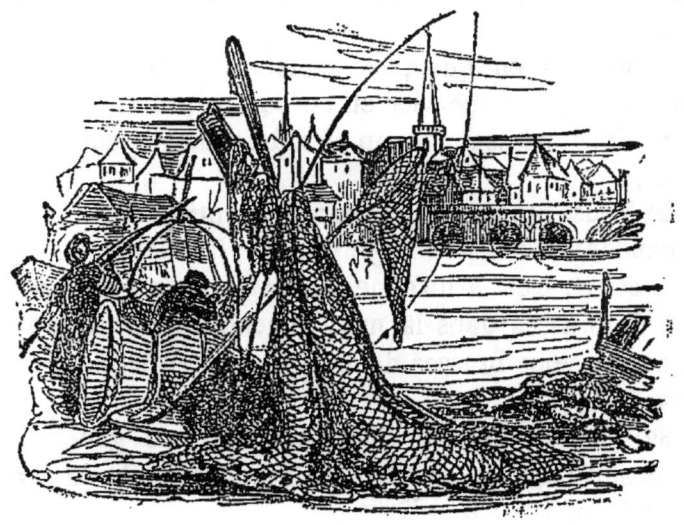

1° Vous chargez peu l'épaule gauche pour ne pas ralentir le lancé ;

2° Vous levez le coude gauche pour empêcher cette portion de filet de glisser avant le lancé ;

3° Vous laissez tomber en tablier la faible moitié de ce qui reste du filet lorsque l'épaule est chargée, et vous prenez dans la main droite la plus forte moitié ;

4° Ainsi chargé, vous balancez le corps pour mettre en harmonie les différentes parties du filet ; puis, prenant votre élan de gauche à droite, vous lancez vivement le tout, en avançant les deux bras le plus possible devant vous, pour servir de conducteur à l'épervier.

Le filet bien lancé décrit un cercle parfait, et, comme préalablement vous avez passé dans votre bras, par un nœud coulant, la corde ou *trempet*, ce cordeau vous sert à retenir le filet.

Quelques personnes de haute taille ne plient le filet qu'en deux longueurs, d'autres en trois parties : c'est le plus ordinaire.

Résumons en quelques mots cet exercice assez difficile. Supposez votre épervier en tas sur le pré :

1° Vous passez par un nœud coulant la corde dans votre bras ;

2° Vous brassez cette corde à votre facilité, de manière cependant à ne pas trop remplir la main ; ne brassez pas trop court, c'est-à-dire ne formez pas un trop grand nombre de brasses dans la main gauche, quand vous avez brassé la corde, vous brassez de la même façon le filet en trois parties ;

3° Vous prenez le filet par l'extrême gauche, vous le jetez sur l'épaule gauche, et levant le coude du bras gauche pour l'empêcher de glisser ;

4° La plus petite moitié de ce qui reste quand votre épaule est chargée doit pendre devant vous en tablier ;

5° Vous saisissez alors de votre main droite la plus forte moitié ;

6° Vous balancez votre élan de gauche à droite ;

7° Vous lancez alors, et lâchez tout en avançant les bras.

L'épervier est lancé à l'eau ; vous le laissez descendre au fond, ce qui demande encore un certain temps. Quand vous jugez que cette dernière opération est accomplie, vous tirez à vous doucement la corde qui est restée au bras, afin de vous assurer que rien n'accroche et ne retient l'épervier ; puis, tirant tantôt sur la droite, tantôt sur la gauche, sans trop de précipitation, vous facilitez ainsi la réunion des balles de plomb, si parfois quelque entrave s'opposait à leur jonction.

Quand vous arrivez à fleur d'eau, gardez-vous bien d'agir avec précipitation, retirez doucement le filet, sans cela, vous courriez risque de laisser échapper le poisson que ses mailles retiennent prisonniers.

Un autre motif, du reste, vient encore militer en faveur de la lenteur calculée que nous recommandons en tirant à soi l'épervier.

Il peut arriver, en effet, qu'au bord de l'eau il se trouve des pierres ou des racines qui peuvent déchirer les mailles si vous tiriez le filet avec violence ; si vous manœuvrez doucement, les obstacles avertissent la main de leur plus ou moins grande résistance, et ils s'engagent et se dégagent avec d'autant plus de facilité, que le va-et-vient est moins saccadé, moins violent, par conséquent plus posé, plus régulier. Vous tirez votre filet hors de l'eau alors que rien ne s'y oppose.

Cette pêche à l'épervier, dans laquelle on peut capturer toute espèce de poisson, est une des plus récréatives ; c'est aussi une des plus fructueuses et la plus noble de toutes, peut-être, car tout ici dépend de l'adresse, de la dextérité et du savoir faire.

Un habile jeteur d'épervier ne doit presque pas se mouiller ; dans ce but, au lieu de charger sur l'épaule la portion gauche du filet mouillé, il la place et la tient en respect sur son coude arqué, afin que les gouttes d'eau qui s'en détachent tombent à côté de lui et non pas sur lui.

Il avance le tablier et penche son corps en arrière ; il tient également la main droite écartée.

Quand on s'est emparé du poisson retenu prisonnier dans l'épervier, on doit débarrasser le filet du limon, des ordures et des pierres qu'il renferme, apporter une attention rigoureuse à ce qu'aucune herbe, aucune épine ne bride les mailles ; sans cela, le coup suivant serait un coup inutile.

Pour prendre les gros poissons qui se tiennent au fond, on se sert d'un épervier à très-larges mailles ; pour les petits poissons, au contraire, qui se trouvent à trois ou quatre pieds d'eau, on emploie un épervier à toutes petites mailles et que l'on appelle *épervier dru*.

Si vous voulez que vos coups d'épervier soient le plus lucratifs possible, faites bien attention aux deux observations suivantes :

Dans les eaux rapides et turbulentes, jetez votre épervier dans les endroits où le courant languit et dort.

Dans les eaux tranquilles et dormantes, au contraire, jetez-le dans les endroits où le courant est le plus agité, dans les coudes où l'eau tournoie avec rapidité.

DU GILLE.

Le gillé est un filet qui ressemble à l'épervier, mais qui est cinq ou six fois plus lourd et plus grand. Les deux extrémités du filet s'attachent aux extrémités larges d'un bateau, où sont placés deux crochets, et le reste est jeté à l'eau.

On pêche en descendant au gré du courant ; le bateau est placé et maintenu en travers, et le filet traîne dans une situation telle que les bourses sont tournées dans le sens où leur ouverture fait face au bateau qui descend dans le courant.

L'un des pêcheurs placés dans le bateau tient à sa main la corde du gille ; quand un poisson un peu fort donne dans la bourse, ce coup, transmis par la continuité du cordeau, retentit dans la main ; alors, à ce signal, on détache simultanément les deux crochets; et le filet se ferme au fond de l'eau. On ramène le filet peu à peu, au moyen de la corde, sur le bord du bateau, on le fait basculer, puis tomber sur le fond. On ouvre le filet par brasses depuis un bout jusqu'à l'autre et on s'empare ainsi successivement du poisson qui s'est laissé prendre.

On traîne aussi le gille sans bateau, un pêcheur d'un côté l'autre de l'autre côté. Un troisième pêcheur, dans ce cas, est utile, sinon nécessaire : il se charge de la corde ou trempet. Cependant deux personnes peuvent suffire pourvu que l'une d'elles manœuvre avec assez d'habileté pour que la corde suive le mouvement sans le contrarier.

DE LA TROUBLE.

La trouble est un filet commençant par une large ouverture et se terminant par une longue queue. On monte ordinairement ce filet sur un arc en bois qui s'attache fortement sur une fourche étroite placée au milieu de la trouble.

Pour procéder avec cette espèce de filet, voici la manière d'opérer.

On conduit le bateau sous des arbres devant des cavités souterraines où se tient habituellement le poisson ; avec la trouble on ferme l'issue en gardant le plus profond silence ; puis quand la trouble est placée. on *pilonne*, c'est-à-dire on agite l'eau de mille manières avec des perches armées de larges rondelles de cuir ; on fait en un mot un grand tapage. Le poisson épouvanté de tout ce vacarme cherche à fuir, et ne peut faire autrement que de se précipiter dans la trouble. On ramène à soi le manche de la fourche, on saisit et on étrangle de la main le sac du filet au fond duquel le poisson s'est blotti, et il se trouve ainsi prisonnier.

DE LA SENNE.

La senne est un grand filet à mailles simples ; en dessus il est garni de liége, et de plomb en dessous.

Pour bien manœuvrer une grande senne, il faut au moins cinq ou six pêcheurs. Ils se partagent en deux camps ; la grandeur de la senne les sépare. Ils manœuvrent alors de manière à enfermer le poisson dans un cercle qu'ils forment avec la senne et qu'ils rétrécissent de plus en plus.

Quand le fond de l'eau est inégal et irrégulier, beaucoup de poissons s'échappent en dessous par les interstices que ne peut remplir le filet. D'autres, comme le brochet surtout, sautent par-dessus les liéges, quand ils se voient resserrés entre les deux bras du filet.

Ce sont là deux inconvénients auxquels il est difficile, pour ne pas dire impossible d'obvier. La pêche à la senne, au reste, demande beaucoup d'activité et d'habitude.

C'est à l'aide de la senne qu'on fait les pêches les plus lucratives, surtout lorsqu'on agit au moment où les rivières sont gelées.

A cet effet, un des pêcheurs armé d'une cognée, s'avance

sur la glace et fait de 3 mètres en 3 mètres une ouverture de 40 à 50 centimètres de diamètre en suivant la ligne de circonvallation de la fosse à pêcher, puis à l'aide d'une gaule à laquelle on attache le cordeau fixé à l'extrémité d'un des jalons de la senne, on passe alternativement sous la glace, et à chaque trou, ce cordeau, en tirant doucement à soi la senne, jusqu'à ce que la fosse soit bornée et que le filet présente au poisson un obstacle infranchissable. Alors on brise la glace de la rive, par laquelle la senne doit sortir; cette ouverture en terme de métier se nomme l'*engoulure*. Les cordeaux de gauche et de droite du filet se réunissent à l'engoulure, et au moment où les jalons se rapprochent, un des pêcheurs les embrasse et ramène sur la berge tout le poisson contenu dans la fosse.

Avec une senne de 21 mètres de longueur, d'une hauteur de 3 mètres et munie d'une queue de 6 mètres, nous avons pêché en hiver, sous la glace dans une fosse d'une rivière de Loir-et-Cher (la Sauldre), 263 kilogrammes de brèmes dont les plus petites ne pesaient pas moins de 750 grammes et les plus grosses 2 kilogrammes.

L'ÉCHIQUIER OU CARRELET.

Filet consistant en une nappe carrée de 1 à 2 mètres de côté, attachée aux quatre coins, à deux demi cercles en bois, croisés. Au point d'intersection de ces deux arcs, on attache une longue perche servant à manœuvrer l'instrument. Ajoutons qu'il est nécessaire que la nappe du filet fasse un peu la poche.

On descend l'échiquier horizontalement dans l'eau, et lorsqu'il est arrivé sur le sol on le maintient avec la perche dans cette même position horizontale. Après quelques minutes d'attente on le relève rapidement et l'on ramène hors de l'eau le poisson qui s'est arrêté au-dessus de lui.

Dans les eaux profondes l'échiquier reste entre deux eaux, mais le courant l'incline légèrement ; si un poisson vient à frapper les mailles, le pêcheur sent une commotion, c'est alors à lui d'agir en conséquence et le plus promptement possible.

DU VERVEUX.

Le verveux est un filet conique en forme d'entonnoir, on lui donne 1 mètre à 1 mètre 60 de long, il est soutenu de distance en distance par de petits cerceaux en osier, qui maintiennent le filet bien ouvert sous l'action du courant de l'eau.

On adapte à l'intérieur un goulet, ou sorte de petit filet également en entonnoir, terminé par une petite ouverture. Cette disposition permet au poisson de s'introduire facilement dans le verveux, mais l'empêche d'en sortir.

L'extrémité opposée à l'ouverture est terminée par une corde fixée à une perche, laquelle aide à descendre le verveux dans l'eau, à l'y maintenir et à le retirer.

DE LA LOUVE.

La louve est un verveux à deux ouvertures.

DU GUIDEAU.

Le guideau est une longue chausse dont les mailles sont arges à l'ouverture et vont en diminuant jusqu'à l'extrémité opposée. Cette sorte de filet a jusqu'à 10 ou 12 mètres de long, il arrête au passage les petits, moyens et gros poissons, ainsi que les herbes qui flottent dans les eaux, c'est un des engins le plus destructeur de la pêche et qui a le désavantage de blesser et de tuer le poisson qu'on y prend.

DU TRAMAIL.

Le tramail est un filet composé de trois filets superposés en forme de nappe : celui du milieu se nomme nappe, les deux autres aumées ou flues. On le tend verticalement, il est soutenu sur l'eau par des liéges et maintenu au fond par des balles de plomb, le poisson s'y poche ; on en enceint tout ou partie de la rivière, et une fois placé, on fourgonne dans les herbes et dans l'eau avec de longues perches ; le poisson effrayé se rabat, il fuit le vacarme et vient s'emmailler dans le filet qui fait obstacle.

DE LA NASSE.

La nasse est un verveux qui, au lieu d'être en fil, est entièrement en osier ; ses formes varient ainsi que le plus ou moins grand rapprochement des osiers, selon le genre de poisson que l'on veut prendre.

On maintient les nasses au fond de l'eau à l'aide de grosses pierres. On fait également des nasses à deux ouvertures ; elles ressemblent alors à des louves.

Le plus ordinairement on amorce les nasses soit avec des vers de terre ou des débris de viande, soit avec des grenouilles coupées.

AUTRE GENRE DE PÊCHE.

Il existe enfin un autre genre de pêche très productif, mais qui exige le concours de plusieurs personnes et un travail très fatigant. On choisit, dans une rivière, ou plutôt dans un ruisseau assez large, un endroit peu profond et dont le lit ne présente que peu de trous. On y pratique deux barrages distants l'un de l'autre d'environ quinze mètres. Une tranchée préalablement établie permet aux eaux d'amont du ruisseau de rejoindre les eaux d'aval, et la partie qui se trouve entre les deux barrages se trouve ainsi complètement isolée. Les pêcheurs entrent alors dans le bassin ainsi formé, et à l'aide de seaux ils en vident l'eau dans de grandes mannes d'osier disposées sur le barrage d'aval ; l'eau s'écoule et le poisson reste au fond.

Il arrive un moment, quand l'eau du bassin n'a plus que quelques centimètres de profondeur, où le fond du ruisseau est constellé d'une foule de poissons de toute grosseur. Les pêcheurs feront bien, si l'endroit est fréquenté par des anguilles, de se munir de fourchettes pour les saisir, car on sait qu'il est difficile de s'en emparer avec les mains ou du moins de les maintenir assez longtemps pour pouvoir les porter à quelque distance. Le coup de fourchette devra être donné derrière la tête, et l'on saisira en même temps le poisson un peu au-dessous, avec l'autre main.

Ce genre de pêche est fort en usage dans certaines localités où, à cet effet, on dispose des lacs à écoulement ou des étangs que l'on met de temps en temps à sec par le procédé que nous venons d'indiquer. Cette pêche est surtout très facile lorsque le ruisseau où l'on veut opérer se divise en deux ou plusieurs bras ; l'isolement d'une partie du lit de l'un de ces bras, au moyen de barrages, ne nécessite pas, dans ce cas, l'établissement préalable d'une tranchée destinée à relier les eaux d'amont aux eaux d'aval.

Ajoutons, à propos d'anguilles, que la pêche de ce poisson est d'un très grand rapport. Le marché de Londres en est approvisionné par deux compagnies hollandaises possédant chacune cinq vaisseaux pouvant contenir ensemble 50,000 kilogrammes d'anguilles vivantes. Les lagunes de *Commacchio*, en Italie, sont célèbres depuis fort longtemps pour les quantités énormes de ce poisson qu'elles fournissent. La pêche que l'on y fait au printemps en produit 85,000 kilogrammes ; celle de septembre à décembre : 939,000 kilogrammes.

RÉSUMÉ ET CONCLUSION

Comme on l'a vu, il y a une foule d'agrès, d'ustensiles, de filets et de piéges infiniment variés; mais on n'est pas chasseur parce qu'on prend un fusil, de même on n'est pas pêcheur parce qu'on prend un filet ou une ligne. On devient chasseur et pêcheur par l'attrait que présente une conquête. Alors l'observation devance l'attaque, la préméditation invente des ruses, la comparaison repousse ou admet les moyens qui, bons ou mauvais, sont recherchés par l'un et soigneusement évités par l'autre.

Le silence, quoi qu'on en dise, est la première condition du succès pour le pêcheur à la ligne. Le poisson que sa voracité compromet sans cesse, est très-rusé et très-défiant. On l'a dit sourd, c'est là une grave erreur.

La ligne n'est point un exercice ; c'est une manie chez les uns, c'est un art pour les autres. Un oisif qui jette sa ligne à l'eau, la retire pour y mettre un ver, celui qui fouille son panier pour rien et change de place pour peu de chose, n'est qu'un niais. Mais le judicieux observateur qui interroge les saisons, les heures, la température, les fonds d'eau, les mœurs diverses des poissons, la nature des mets qui les affriandent et la manière séduisante de les leur présenter, celui-là est un homme considérable, qui a bien sa valeur, qui cause avec la nature et lui découvre des charmes nouveaux dans le plus petit détour du fleuve qu'il domine de toute son intelligence.

Le bras, il est vrai, se trouve condamné à la constance perpétuelle ; mais dans cette pose machinale à laquelle le corps veut bien obéir, la pensée va son train, l'intelligence roule des projets, combine, apprécie les circonstances, conspire même au besoin.

Cette race de pêcheurs pullule à l'infini : elle fournit des avocats qui apprennent à se taire en société ; des médecins qui laissent vivre leurs malades, des grands, qui, en général, sont bons princes, et des petits qui s'amusent beaucoup par ce seul fait qu'ils ne s'ennuient pas ; et c'est quelque chose.

L'habile pêcheur à la ligne change et varie ses appâts, car il sait qu'on n'engraisse pas les poissons avec de l'eau claire. Tout poisson est omnivore ; mais néanmoins appréciateur et gourmet quand l'occasion le lui permet. Savoir le prendre par son faible est un art qui en vaut bien un autre. Il en est des poissons comme des hommes. On fait tant de choses avec un bon dîner.

Le maladroit qui enlève un goujon vous le lance au-dessus de sa tête dans l'immensité ; l'homme habile, lui, dans la même situation, formule un léger coup de poignet qui accroche sa proie, et la ramène à lui, pour ainsi dire à fleur d'eau. D'abord cela ne manque pas d'une certaine grâce, et empêche ensuite de plaider pour ravoir sa ligne avec les haies, les buissons et les arbres d'alentour, contre lesquels le premier de nos deux acteurs, qui moralement est le dernier, perd souvent son procès en instance et en appel : et s'il arrive qu'il le gagne, je vous certifie que les dépens sont compensés ; je dirai plus, c'est parfois parce qu'il se trouve mis hors de cause, qu'il se voit ravir sa ligne ; il ne lui reste plus alors que la canne dont au surplus il est digne.

Ne croyez pas que l'homme d'esprit qui pêche ne fasse rien dans ce moment ; il compose sa leçon, son discours, son drame ; ce qui n'empêche jamais l'eau de couler : ça n'est pas toujours très-clair ; mais l'eau trouble est infiniment plus productive en général.

Il fut un temps hélas ! où la race du pêcheur à la ligne était noble et sans mélange ; mais, tout s'abâtardit : avec son air légitime, la manie de l'imitation a fait éclore une foule de bâtards qui gaulent la rivière à tort et à travers ; ces gens-là compromettent l'art et le rendent ridicule.

Tous les progrès nautiques qui effrayent le poisson sont l'objet de la malédiction du pêcheur à la ligne ; je parle du pur sang. Mais, comme tous les gens qui ne peuvent pas faire autrement, il s'arme de patience et se résigne ; il reste debout devant les vicissitudes, et si jamais il s'ennuie, car il y a temps pour tout, il a au moins l'avantage, et c'est beaucoup de n'ennuyer personne.

Véritable diplomate qui sait se servir de tout et tirer parti de l'eau trouble, étouffer le bruit de ses pas, étudier et comprendre les surfaces, se tenir entre deux eaux, traduire le fond, connaître le courant, choisir l'heure et surtout s'abstenir des mauvais vents, voilà le pêcheur à la ligne qui sait d'une plume ou d'un bouchon faire un télégraphe, comme il sait étendre sa puissance à cent pas devant lui en déroulant un moulinet.

Quelques conseils maintenant en termes concis et en forme d'aphorismes, car l'esprit les comprend mieux ainsi et la mémoire les garde plus facilement

Assurez-vous du fond des choses, ne croyez pas à leur surface souvent trompeuse.

L'endroit tranquille est parfois le plus creux et le plus dangereux, il faut le connaître et le sonder.

Ayez l'œil sur la plume ! quand c'est vous qui vous trompez, ne la calomniez pas et ayez plus de foi à ses avertissements.

Que votre vue attentive ne perde pas le fil, et surtout point d'impatience, ou bien vous allez tout brouiller.

Ne pêchez qu'en remontant ; vous ne ferez rien de bien en descendant.

Jamais de gestes en haut et toujours l'exécution en dessous ; mais, de l'exécution, point de semblant.

Ne vous endormez pas ou vous vous laisserez manger.

N'ambitionnez pas trop la profondeur, c'est nul.

Soyez flexible et pliez ; la force est dans la souplesse ; jamais dans la roideur.

En un mot : voulez-vous, sans soins, sans documents, sans préceptes, voulez-vous réussir et pêcher avec succès à droite, à gauche ou devant vous, en descendant ou en remontant, avec cette allure de conquête qui n'admet pas de difficulté ? eh bien ! pêchez avant, pendant et après l'orage, quand le ciel s'entrouvre et se zèbre de lignes de feu, quand la terre s'émeut par les roulements prolongés du tonnerre, quand les sables, précipités dans la rivière par les eaux pluviales, entraînent avec eux des myriades d'insectes ; alors soit avidité, soit terreur, tous les poissons, agités, turbulents, confondent leurs habitudes dans une sorte de galop universel.

Dans cette confusion, dans cette tourmente torrentielle des eaux pluviales, chargées de détritus de toutes sortes, suivez ou négligez tous les diagnostics des chances favorables, allez à la pêche, vous marchez à la victoire. Mais si, dans les chances aléatoires, il se trouve une fois une place au jeu où l'on gagne toujours, il est d'autres chances et d'autres places où l'étude et le savoir-faire sont indispensables pour le succès.

CALENDRIER DU PÊCHEUR.

JANVIER.

La pêche sous la glace dans le mois de janvier est non-seulement une occupation agréable, mais encore très-lucrative.

Le pêcheur à la ligne pêche en janvier du brochet, des chevannes et du gardon ; dans les années peu rigoureuses, on peut aussi trouver quelques anguilles.

La pêche de janvier ne saurait avoir lieu que de 11 heures à 3 heures du soir.

Dans ce mois, les pêcheurs aux filets se servent fructueusement de leurs nasses.

FÉVRIER.

Dans ce mois, surtout si le temps est beau et la température rigoureuse, le pêcheur à la ligne, outre les poissons mentionnés en janvier, peut trouver de la carpe et de la perche ; le brochet mord facilement si on l'amorce avec du petit poisson.

Le pêcheur au filet peut également faire de fructueuses pêches.

MARS.

En mars, les poissons quittent les eaux profondes et le milieu des rivières pour s'approcher des rives, et y sucer les herbes aquatiques qui commencent à pointer, c'est aussi dans ce mois que le frai commence.

Le véron se montre en quantité et peut fournir d'excellents appâts. On pêche aussi des carpes, des saumons, des truites, des ombres, des goujons et des vandoises. Les vers rouges sont spécialement recommandés pour la pêche de la carpe.

Dans ce mois, la pêche au filet est insignifiante.

AVRIL.

Avril est le mois où le pêcheur à la ligne trouve à profusion des barbillons, des brèmes, des brochets, des carpes, des chevannes, des gardons, des tanches, des truites, des vandoises, des ombres, du saumon, des éperlans, des goujons et des ablettes : on doit, à cette époque particulièrement, pêcher dans les remous et les courants.

La pêche aux filets est nulle.

MAI.

Le pêcheur à la ligne pêche dans ce mois les mêmes poissons qu'en avril ; les conditions sont identiquement semblables. L'anguille commence à se montrer.

La pêche aux filets n'a dans ce mois aucune importance.

JUIN.

Même pêche que dans le mois précédent, seulement le poisson est maigre, le frai semble l'avoir épuisé. La truite cependant a conservé toutes ses succulentes qualités.

Dans ce mois on doit amorcer les petits poissons avec l'asticot, le barbillon avec le fromage de Gruyère, les anguilles avec des vers de terre, les perches et les tanches avec des vers rouges, les brochets avec de petits poissons, les chevannes, les gardons et les vandoises avec du sang caillé, des hannetons ou des cerises.

En juin, le pêcheur aux filets peut espérer une excellente moisson.

JUILLET.

La pêche de juillet est à peu près la même que celle de juin, seulement le pêcheur à la ligne ne doit travailler dans ce mois que le matin et le soir, et laisser reposer ses lignes dans le milieu du jour. Les brêmes, les chevannes et les gardons doivent être amorcés avec du blé cuit. Les traînées au cordeau, avec des goujons, des vérons ou des vers de terre, surtout lorsqu'il s'agit de la pêche aux anguilles.

En juillet, le pêcheur aux filets peut compter sur une abondante récolte d'ablettes et de poissons blancs.

AOUT.

La pêche du mois d'août, est la même que celle d'avril, et le poisson fréquente les mêmes eaux.

SEPTEMBRE.

Les poissons, à cette époque, quittent les rives des fleuves et commencent à se retirer dans les bas-fonds et les eaux profondes.

Ce mois est un des moins favorables pour le pêcheur à la ligne, et cependant, il peut impunément travailler depuis le lever du soleil jusqu'à son coucher.

On prend en septembre des barbillons en amorçant avec de la viande, des goujons en amorçant avec des vérons ou autres petits poissons connus généralement sous le nom de *blanchaille*.

Si le mois de septembre est défavorable au pêcheur à la ligne, c'est au contraire un des meilleurs mois pour le pêcheur au filet.

OCTOBRE.

Les poissons se sont retirés dans la profondeur des eaux ; aussi à partir de ce mois, doit-on supprimer complétement la pêche à la mouche. A cette époque, le brochet et les poissons voraces s'amorcent avec des *blanchailles*, les moins gloutons avec des vers. Les pêcheurs aux filets font en octobre des pêches abondantes.

NOVEMBRE.

Les opérations du pêcheur à la ligne ne peuvent avoir lieu, dans ce mois, que depuis 11 heures du matin jusqu'à 3 heures du soir. Les vandoises ne mordent plus, mais on peut prendre encore des chevannes, des brochets et du gardon.

Le pêcheur aux filets continue à faire de riches moissons.

DÉCEMBRE.

En décembre, la pêche à la ligne est nulle, sinon sous la glace, lorsque l'année est rigoureuse. Il n'en est pas de même du pêcheur aux filets qui, au contraire, continue avec succès le cours de ses opérations.

Nous ne saurions terminer ce chapitre sans donner quelques précieux renseignements sur les habitudes du poisson et sur son séjour de prédilection, selon la nature des eaux que le pêcheur peut rencontrer dans ses pérégrinations.

Dans les eaux profondes et rapides, on trouve l'alose, le barbeau, les chevannes, les éperlans, les esturgeons, les saumons et les vandoises.

Dans les eaux profondes et vives, on rencontre la brême, le brochet, le gardon et la perche.

Dans les eaux courantes et peu profondes se trouvent les chabots, les goujons, les loches et les truites.

Dans les eaux vaseuses habitent les bouvières, les carpes et les tanches.

Dans les eaux dormantes, les anguilles, les lamproies et les lottes.

Dans les ruisseaux, les écrevisses.

Dans les mares et étangs, les grenouilles.

LOI SUR LA PÊCHE

(*31 mai 1865*).

Art. 1ᵉʳ. Des décrets rendus en conseil d'Etat, après avis des conseils généraux de département, détermineront :

1º Les parties des fleuves, rivières, canaux et cours d'eau réservées pour la reproduction et dans lesquelles la pêche des diverses espèces de poissons sera absolument interdite pendant l'année entière.

2º Les parties des fleuves, rivières, canaux et cours d'eau dans les barrages desquelles il pourra être établi après enquête un passage appelé échelle, destiné à assurer la libre circulation du poisson.

Art. 2. L'interdiction de la pêche pendant l'année entière ne pourra être prononcée que pour une période de plus de cinq ans. Cette interdiction pourra être renouvelée.

Art. 3. Les indemnités auxquelles auront droit les propriétaires riverains qui seront privés du droit de pêche, par application de l'article précédent, seront réglées par le conseil de préfecture après expertise, conformément à la loi du 16 septembre 1807.

Les indemnités auxquelles pourra donner lieu l'établissement d'échelles dans les barrages existants seront réglées dans les mêmes formes.

Art. 4. A partir du 1ᵉʳ janvier 1866, des décrets rendus sur la proposition des ministres de la marine et de l'agriculture, du commerce et des travaux publics, régleront d'une manière uniforme pour la pêche fluviale et pour la pêche maritime dans les fleuves, rivières, canaux, affluents à la mer :

1° Les époques pendant lesquelles la pêche des diverses espèces de poissons sera interdite.

2° Les dimensions au-dessous desquelles certaines espèces ne pourront être pêchées.

Art. 5. Dans chaque département il est interdit de mettre en vente, de vendre, d'acheter, de transporter, de colporter, d'exporter et d'importer les diverses espèces de poissons pendant le temps où la pêche en est interdite, en exécution de l'article 26 de la loi du 15 avril 1829 (1).

Cette disposition n'est pas applicable aux poissons provenant des étangs ou réservoirs définis en l'article 30 de la loi précitée.

Art. 6. L'administration pourra donner l'autorisation de prendre et de transporter pendant le temps de la prohibition le poisson destiné à la reproduction.

Art. 7. L'infraction aux dispositions de l'article 1er et du premier paragraphe de l'article 5 de la présente loi sera puni des peines portées par l'article 27 de la loi du 15 avril 1829 (1), et en outre le poisson sera saisi et vendu sans délai dans les formes prescrites par l'article 42 de ladite loi (2).

---

(1) Quiconque se livrera à la pêche pendant les temps, saisons et heures prohibés par les ordonnances, sera puni d'une amende de trente à deux cents francs. (Loi du 15 août 1829, art. 27.)

(2) Quant au poisson saisi pour cause de délit, il sera vendu sans délai dans la commune la plus voisine du lieu de la saisie à son de trompe et aux enchères publiques, en vertu d'ordonnance du juge de paix ou de ses suppléants, si la vente a lieu

L'amende sera double et les délinquants pourront être condamnés à un emprisonnement de dix jours à un mois :

1° Dans les cas prévus par les articles 69 et 70 de la loi du 15 avril 1827 (3) (4);

2° Lorsqu'il sera constaté que le poisson a été enivré ou empoisonné;

3° Lorsque le transport aura lieu par bateaux, par voitures ou bêtes de somme.

La recherche du poisson pourra être faite en temps prohibé, à domicile, chez les aubergistes, chez les marchands de denrées comestibles et dans les lieux ouverts au public.

Art. 8. Les dispositions relatives à la pêche et au transport des poissons s'appliquent au frai de poisson et à l'alevin.

Art. 9. L'article 32 de la loi du 15 avril 1829 est abrogé en ce qui concerne la marque ou le plombage des filets.

Des décrets détermineront le mode de vérification de la di-

dans un chef-lieu de canton, ou dans le cas contraire d'après l'autorisation du maire de la commune : ces ordonnances ou autorisations seront délivrées sur la requête des agents ou gardes qui auront opéré la saisie et sur la présentation du procès-verbal régulièrement dressé et affirmé par eux.

Dans tous les cas, la vente aura lieu en présence du receveur des domaines et à défaut, du maire ou adjoint de la commune ou du commissaire de police. (Loi du 15 avril 1829, art. 42.)

(3) Dans le cas de récidive la peine sera toujours doublée.

Il y a récidive, lorsque dans les douze mois précédents, il a été rendu contre le délinquant un premier jugement pour délit en matière de pêche. (Loi du 15 avril 1829, art. 69).

(4) Les peines seront également doublées lorsque les délits auront été commis la nuit. (Loi du 15 avril 1829 art. 70.)

mension des mailles des filets autorisés pour la pêche de chaque espèce de poisson, en exécution de l'article 26 de la loi du 15 avril 1829.

Art. 10. Les infractions concernant la pêche, la vente, l'achat, le transport, le colportage, l'exportation et l'importation du poisson seront recherchées et constatées par les agents des douanes, les employés des contributions indirectes et des octrois, ainsi que par les autres agents autorisés par la loi du 15 avril 1829 et par le décret du 9 janvier 1852.

Des décrets détermineront la gratification qui sera accordée aux rédacteurs des procès-verbaux ayant pour objet de constater les délits. Cette gratification sera prélevée sur le produit des amendes.

Art. 11. Les poursuites des délits et contraventions et l'exécution des jugements pour infraction à la présente loi auront lieu conformément à la loi du 15 avril 1829 et au décret du 9 janvier 1852.

Art. 12. — Les dispositions législatives antérieures sont abrogées en ce qu'elles peuvent avoir de contraire à la présente loi.

ÉPOQUES PENDANT LESQUELLES LA PÊCHE EST INTERDITE.
(*Extrait du décret du* 10 *août* 1875.)

Article 1er. — Les époques pendant lesquelles la pêche est interdite, en vue de protéger la reproduction du poisson, sont fixées comme il suit : — 1° Du 20 octobre au 31 janvier, est interdite la pêche du *saumon*, de la *truite*, de l'*ombre-chevalier* et du *lavaret* ; — 2° Du 15 avril au 15 juin, est interdite la pêche de tous les autres poissons et de l'écrevisse.

— Les interdictions prononcées dans les paragraphes précédents s'appliquent à tous les procédés de pêche, même à la ligne flottante tenue à la main.

Art. 2. — Les préfets peuvent : 1° interdire exceptionnellement la pêche de toutes les espèces de poissons pendant l'une ou l'autre période lorsque cette interdiction est nécessaire pour protéger les espèces prédominantes ; — 2° augmenter pour certains poissons désignés la durée desdites périodes ; — 3° excepter de la seconde période la pêche de l'*alose*, de l'*anguille*, de la *lamproie*, ainsi que des autres poissons vivant alternativement dans les eaux douces et les eaux salées. — 4° Fixer une période d'interdiction pour la pêche de la grenouille.

Art. 6. — La pêche n'est permise que depuis le lever jusqu'au coucher du soleil.

Art. 8. — Les dimensions au-dessous desquelles les poissons et les écrevisses ne peuvent être pêchés, même à la ligne flottante, et doivent être immédiatement rejetés à l'eau, sont déterminées comme il suit : — 1° Les *saumons* et *anguilles* 25 centimètres de longueur ; — 2° Les *truites, ombres-chevaliers, ombres-communs, carpes, brochets, barbeaux, brêmes, meuniers, muges, aloses, perches, gardons, tanches, lottes, lamproies* et *lavarets*, 14 centimètres de longueur ; — 3° les *soles, plies,* et *flets,* 10 centimètres de longueur ; — 4° Les *écrevises à pattes rouges,* 8 centimètres ; celles *à pattes blanches,* 6 centimètres. La longueur des poissons ci-dessus mentionnés est mesurée de l'œil à la naissance de la queue ; celle de l'écrevisse, de l'œil à l'extrémité de la queue déployée.

DE LA PISCICULTURE

Partout où la nature a mis de l'eau, partout aussi elle y a mis des poissons ; ceux-ci se rencontrent, en effet, sur les sommets des plus hautes montagnes comme dans les plus grandes profondeurs connues.

Les Himalaya des Indes, les plus hauts sommets du monde, les Cordillères de l'Amérique, qui ne leur sont inférieures que de quelques centaines de mètres, possèdent des lacs, et ces lacs sont peuplés de poissons d'espèces différentes.

Dans les mines les plus profondes de l'Europe et de l'Amérique où se trouvent des lacs, ces lacs sont également peuplés de poissons.

Les poissons occupent donc en hauteur et en profondeur la plus grande échelle qu'il ait été donné à l'homme de mesurer.

Il en est de même quant à la température, on rencontre des poissons depuis l'équateur jusqu'aux pôles, c'est-à-dire qu'il s'en trouve sous toutes les latitudes, en un mot qu'il y en a partout.

Il est évident que les espèces ne sont pas partout les mêmes, qu'elles varient selon la nature des eaux qui alimentent les bassins qu'elles ont peuplés, et selon le milieu atmosphérique dans lequel elles vivent.

Parmi les poissons, il y a des espèces qui vivent exclusivement dans l'eau salée, d'autres qui ne vivent absolument que dans les fleuves et les lacs alimentés par les eaux douces.

Cette règle cependant n'est pas générale, puisqu'il y a des espèces qui passent de l'eau salée dans l'eau douce, et réciproquement de l'eau douce dans l'eau salée ; nous citerons, comme exemple, les aloses, les anguilles et les saumons.

On le voit, le poisson vient partout; quel que soit le climat, quelle que soit la température, il multiplie extraordinairement. De même qu'on a cherché à faire multiplier, à améliorer les animaux domestiques, à faire pousser et à améliorer les plantes, de même on a voulu cultiver, appliquer l'art de multiplier, l'art d'élever et d'engraisser les poissons; on a fait en un mot de la *pisciculture*.

La pisciculture n'est pas aussi moderne qu'on pourrait le croire ; elle remonte à la plus haute antiquité.

La Chine, depuis un temps immémorial, connaît les moyens de multiplier les poissons, et a su mettre en pratique certains procédés qui sont de la plus grande simplicité.

A l'époque où se fait la *remonte*, on voit affluer dans le fleuve Kiang-seu-Kiang, dans la rivière de Kiang-Si, une foule innombrable de truites, de saumons, d'esturgeons, qui remontent à flots tellement pressés qu'ils viennent, pour ainsi dire, dégorger jusque dans les rivières qui avoisinent ces fleuves.

C'est à ce moment que les riches mandarins chinois font placer à travers l'eau courante des perches entrelacées, des planches, des claies, sur lesquels les poissons viennent déposer leur frai.

Quand la *descente* s'opère, on ramasse les œufs, on les recueille dans des vases ad hoc, dans des terrines, dans des plats, et on les transporte pour empoissonner les cours d'eau où le poisson est rare.

Les Romains employèrent des moyens analogues pour empoissonner leurs lacs, leurs étangs, leurs viviers, leurs rivières. Le fameux Lucullus même osa aller plus loin ; il voulut exploiter la mer et sut enrichir ses viviers d'hôtes nouveaux en dirigeant la mer par des canaux sagement combinés.

Quant aux Gaulois, nos ancêtres, la pêche pour eux n'était qu'une bien faible ressource. Grâce aux vastes forêts qui couvraient le sol, la chasse les occupait plus exclusivement.

Dans le seizième siècle cependant quelques voix s'élevèrent pour rendre productifs les nombreux étangs féodaux qui couvraient le sol, étangs dont les miasmes délétères décimaient la population.

Ces voix ne prêchèrent pas tout à fait dans le désert. On rappela l'exemple des Romains ; et cet exemple inspira à quelques propriétaires l'idée de tirer de leurs étangs, improductifs jusqu'alors, le meilleur parti possible, de les exploiter. On chercha donc les moyens de multiplier artificiellement le poisson.

En 1768, Spallanzani commença des expériences curieuses sur la multiplication artificielle des poissons. En 1770, un prêtre de la ville de Grenoble parvint à peupler avec des truites empruntées au lac de Genève plusieurs lacs du Dauphiné.

Dans la même année (1770) Jacobi fit paraître à Paris un travail sur la pisciculture. En 1771 parut un semblable travail du marquis de Pezay. Anderson, dans son cours d'histoire naturelle de l'année 1772, parle longuement de la multiplication des poissons; en 1773 parut le *Traité sur les pêches,* de Duhamel Dumonceau, traité où se trouvent quelques idées neuves sur la pisciculture.

Le branle était donné ; il semblait que tous ces étangs inutiles allaient devenir productifs; mais il n'en fut rien. Quand la révolution de 1789 arriva, il n'y avait rien de fait. Les plaintes contre l'action malfaisante des étangs se renouvelèrent ; aussi la Convention fut-elle forcée, dans son décret du 14 frimaire an II, d'ordonner la suppression totale des étangs sur tout le territoire français.

Ce décret ne reçut qu'un commencement d'exécution, et il fut même rapporté, le 13 messidor an II, à la suite de vives réclamations des propriétaires d'étangs.

Les idées, énoncées au dix-huitième siècle, sur la pisciculture, ne purent se produire pendant la République et l'Empire. Les esprits étaient à la guerre ; les travaux ruraux ne venaient que subsidiairement. Ce ne fut donc qu'après 1815, lorsque la paix nous fut rendue, que l'on en revint à la pisciculture.

Vers 1820, des essais furent tentés dans la Côte-d'Or, dans la Haute-Marne et dans quelques localités voisines de ces départements ; et l'on réussit à faire éclore des œufs de truites et à peupler des étangs et des lacs jusqu'alors improductifs.

En 1837 et en 1841, M. Show d'abord, et M. Bouinz ensuite, eurent recours à la fécondation pour repeupler de saumons les eaux de la Grande-Bretagne, et leurs expériences eurent un succès complet.

« A peu près à la même époque (1), Rémy, pêcheur de la

---

(1) *La Pisciculture,* par M. Jourdier.

Bresse, refaisait laborieusement, n'ayant pour guide que son intelligence, les expériences déjà entreprises par des naturalistes célèbres, et arrivait au même résultat. Le *premier* dans notre pays, il appliquait la *fécondation artificielle* à l'élève du poisson, et méritait d'être considéré en France comme l'inventeur des procédés de fécondation artificielle. Ses premiers essais, auxquels il associa plus tard Gehin, datent de 1842. « Pendant plus de six mois, disent MM. Det-
« zam et Berthot, Gehin et Rémy n'ont eu qu'une idée fixe :
« découvrir comment les poissons se reproduisent. On ne
« surprend les secrets de la nature qu'en observant avec assi-
« duité ce qu'elle fait, avec la lenteur, la constance et la ré-
« gularité de ses lois admirables. Ils se mettaient alternative-
« ment en faction pendant de longues heures du jour et de la
« nuit, par des temps rigoureux ; ils s'étendaient le long des
« bords qu'ils avaient d'avance étudiés, s'appuyant sur les
« mains, le cou tendu, la tête en surplomb, observant le si-
« lence le plus absolu, l'immobilité la plus parfaite, et ils
« regardaient. C'est ainsi qu'on trouve les choses simples ; il
« faut du génie, et le génie c'est la patience et le travail. »

« Mais cette découverte resta longtemps enfermée dans les archives de la Société d'émulation des Vosges. Ce ne fut qu'en 1848 qu'une réclamation fut faite à l'Académie des sciences en faveur de Rémy, à l'occasion d'une lecture dans laquelle M. de Quatrefages, sans connaître les recherches des pêcheurs de la Bresse, rappelait aux agriculteurs que la science leur fournissait un moyen, éprouvé depuis un siècle, de pourvoir au repeuplement des rivières et des fleuves, comme les applications faites en Allemagne et en Angleterre en donnaient la preuve.

« On s'émerveilla alors de la pratique des pêcheurs de la Bresse ; les journaux félicitèrent les inventeurs, le public applaudit, comme il applaudit à tout ce qui est nouveau pour lui et lui semble extraordinaire ; mais peu de personnes firent des essais de pisciculture et de fécondation artificielle. On oublia vite cette importante découverte, et les pêcheurs eussent continué sans bruit, dans leur vallée reculée des Vosges, de féconder et de vendre leur poisson ou leurs œufs sans profit pour la société, si un homme, un savant, ne s'était emparé de cette idée tombée dans le domaine public pour la travailler et la perfectionner.

« M. Coste, professeur d'embryogénie au collége de France, comprit ce qu'il y avait de riche et de fécond dans cette découverte, qui touchait d'ailleurs de très-près aux matières de son enseignement. Il intervint donc dans la question, et cette intervention fit entrer la pisciculture dans une voie plus large. L'attention du gouvernement allait être éveillée : Huningue allait être fondé. » Huningue créé, grâce aux expériences tentées sur une grande échelle, la pisciculture est devenue une science ; comme l'agriculture, comme l'horticulture, elle a aujourd'hui des moyens, des procédés, des règles que nous allons faire connaître.

Comme nous l'avons dit, la pisciculture est l'art de peupler les eaux, d'y multiplier, d'y acclimater les espèces. Pour arriver à ce but, cette industrie a plusieurs moyens à sa disposition : les uns artificiels, les autres naturels.

Les moyens naturels, connus déjà depuis la plus haute antiquité, consistent à transporter dans les pièces d'eau, dans les étangs que l'on veut empoissonner, l'alevin ou même les œufs des espèces que l'on veut y propager.

Quant aux moyens artificiels de pisciculture, qui forment toute la science, nous tâcherons d'en exposer les procédés aussi brièvement et surtout aussi clairement qu'il nous sera possible.

Les aménagements destinés à favoriser les pontes, à les rendre possibles là où elles n'auraient pas eu lieu, les fécondations artificielles, l'incubation artificielle, l'alevinage artificiel, la domestication, l'acclimatation, en un mot le travail et le génie de l'homme aidant, et même remplaçant la nature ; tel sera l'objet de notre examen.

Pour opérer les fécondations artificielles, le meilleur moyen consiste à se procurer des individus dont la laitance et les œufs sont à l'état de maturité complète, et pour cela de les prendre sur les frayères naturelles à l'instant où ils vont y déposer leur progéniture.

Pour en arriver là, il faut d'abord chercher et découvrir les frayères, puis s'emparer des poissons qui les ont préparées ; mais tout cela demande considérablement de temps et présente beaucoup de difficultés.

Comme dans toutes les industries, il s'est agi de simplifier les moyens : on a créé des viviers où chaque espèce a trouvé les conditions normales indispensables à son développement, viviers dans lesquels on a parqué à l'avance les individus arrivés à l'âge adulte. Cependant, pour que l'influence de la captivité ne nuise point au développement de la laitance chez les mâles, ou des œufs chez les femelles, on a eu soin de ne pas renfermer trop longtemps à l'avance le poisson dans sa prison temporaire.

Les viviers les plus commodes, les moins dispendieux et les plus simples que l'on puisse employer, sont des espèces de barques de cinq à six mètres de long, criblées de trous, à travers lesquels passent sans obstacle les eaux courantes du fleuve. Dans ces barques, qui ressemblent, mais en grand, à ce qu'on nomme *huche* ou *boutique à poisson*, le poisson trouve les meilleures conditions de vie et de bonne santé indispensables à sa reproduction.

Quand l'heure de la ponte est arrivée pour les poissons ainsi séquestrés, ce qu'on reconnaît du reste à certains signes extérieurs, on prend un vase de terre, de faïence, de bois, de fer-blanc même, dont le fond est plat et aussi évasé que l'ouverture, afin que les œufs que l'on va recueillir et féconder puissent s'étendre sur une certaine surface, et ne s'accumulent pas en blocs difficiles à pénétrer. On verse dans le vase dont on a fait choix quelques litres d'eau claire, puisée dans les endroits où vivent et se reproduisent naturellement les poissons dont on va provoquer la ponte artificiellement.

Ceci fait, on saisit une femelle que l'on tient par la tête et le thorax à l'aide de la main gauche, tandis que la main droite, à l'aide du pouce et des autres doigts, forme une espèce d'anneau qui glisse d'avant en arrière ou de haut en bas, refoule doucement les œufs vers l'ouverture anale qui doit leur livrer passage.

Si les œufs sont arrivés à parfaite maturité, la pression la plus légère suffit pour les expulser, et la femelle se trouve ainsi délivrée sans éprouver aucun dommage.

Quand cette première opération est terminée, ou même mieux pendant qu'elle s'accomplit, on saisit un mâle dont on provoque l'expulsion de la laitance par le même procédé que pour la sortie des œufs par l'orifice anale de la femelle.

Quand cette laitance est arrivée à l'état complet de maturité, le simple effet de la suspension ou la plus légère pression suffit pour qu'elle coule abondante, blanche et épaisse comme de la crème. Sitôt que l'eau se trouble légèrement et prend les apparences du petit lait, la saturation est suffisante, et pour que l'imprégnation soit complète, pour que les molécules fécondantes se répandent partout d'une manière uniforme, on agite doucement le mélange et l'on remue en même temps les œufs avec la main, ou plutôt avec un pinceau à barbes très-fines, afin qu'il n'y ait pas un seul point de leur surface qui ne soit mis en contact avec les éléments de la fécondation.

On laisse reposer le vase deux ou trois minutes, la fécondation est dès lors accomplie. On verse les œufs avec l'eau qui les renferme dans les ruisseaux à éclosion, si c'est sur place que doit avoir lieu l'incubation. Si, au contraire, les œufs doivent être transportés au loin, on fait écouler doucement l'eau qui a servi à la fécondation, on la remplace, à mesure de son écoulement, par une autre eau puisée à la même source, et on met aussitôt les œufs dans les conditions particulières nécessaires pour que le transport se fasse de la façon la plus normale et dans des conditions dont nous parlerons plus loin.

Pour opérer la fécondation artificielle et se rapprocher davantage des moyens naturels, on pourrait étaler les œufs sur une claie plongeant dans une rigole de bois ou de grès, dont une des extrémités serait placée sous le robinet d'une fontaine ; on verserait ensuite l'eau spermatisée à l'endroit où coule le robinet, et laisser au faible courant, qui entraînerait doucement les molécules vivifiantes, le soin de les faire passer à travers les œufs. Mais ce procédé demande l'emploi d'un certain appareil que l'on n'a pas toujours sous la main ; pour les applications habituelles, le premier procédé dont nous avons parlé suffit, et il a de plus le mérite d'être facilement exécutable.

Dans toutes les espèces de poissons, les œufs ne restent point libres après la ponte, mais s'attachent, à l'aide d'une matière visqueuse, à la surface ou autour des corps étrangers sur lesquelles les femelles les pondent ordinairement. Parmi ces espèces, nous citerons la carpe, le gardon, le goujon, etc., sur lesquelles on doit opérer de manière à se rapprocher le plus possible de la nature.

Pour arriver à ce but, on s'approvisionne de bouquets bien lavés de plantes aquatiques, de petits balais de bruyère, de chevelu de certains arbustes ; puis, comme pour la fécondation des œufs libres, on prend un vase de faïence, de verre, ou mieux peut-être un baquet de capacité convenable ; et voici comment se pratique l'opération.

Trois personnes se placent autour du récipient dans lequel on a introduit l'un des bouquets, et concourent simultanément à l'accomplissement de l'opération : l'une de ces personnes saisit la femelle et la délivre de ses œufs à l'aide du procédé dont nous avons parlé tout à l'heure ; l'autre prend le mâle et provoque de même l'expulsion de la laitance ; la troisième promène doucement dans l'eau le bouquet, sur les brins duquel les œufs viennent s'attacher, et, par ce mouvement de va-et-vient, opère le mélange et facilite l'inprégnation.

Il faut éviter avec soin que sur chaque rameau il se forme des agglomérations d'œufs qui nuiraient à leur développement, et pour cela on a soin de ne faire tomber dans le récipient qu'une quantité d'œufs en proportion des surfaces que l'on veut garnir, et de les disséminer de la même manière que le grain que l'on destine à la germination.

Le bouquet végétal, sur lequel on vient d'opérer, étant suffisamment chargé, on laisse séjourner les œufs pendant quelques minutes dans le liquide, afin de leur donner le temps de s'imbiber des matières fécondantes ; puis on rassemble les bouquets imprégnés dans un baquet où on les tient immergés ou recouverts d'un linge mouillé ; quand la récolte est terminée, on la place, selon les espèces, dans les conditions normales qui conviennent le plus à leur développement, c'est-à-dire dans une eau stagnante et à température élevée, pour les tanches, les carpes, etc.; dans une eau courante pour les vandoises; dans une eau profonde, mais très-rapide, pour les barbillons, les juernes, les brêmes, etc.

Comme nous venons de le voir, les poissons se divisent en deux grandes sections : l'une comprend les poissons dont les œufs, toujours libres, sont déposés sur la vase, sur le sable; dans l'autre, se rangent les poissons dont les œufs s'attachent aux végétaux aquatiques, aux racines, aux pierres, en un mot aux corps étrangers sur lesquels les femelles les pondent ou les attachent.

C'est sur les connaissance de ces faits qu'ont été employées à la propagation des espèces, les frayères tant naturelles qu'artificielles.

Un moyen simple de multiplier les espèces dont les œufs ne restent pas libres serait de ramasser, à l'époque des pontes, dans les lieux où les poissons fraient naturellement, tous les corps étrangers auxquels ils ont fixé ou suspendu leurs œufs, et de placer ces corps dans des appareils favorables à l'éclosion.

Mais ce moyen, outre de longues et pénibles recherches, pourrait, souvent ne pas avoir toute la réussite désirable, si l'industrie, à l'aide de certains aménagements, ne venait le compléter et lui donner, par l'établissement de frayères naturelles, dans le lit même des fleuves, l'extension la plus complète.

Ainsi, partout où l'on voudra empêcher que les femelles dispersent leurs œufs, on supprimera les corps où elles ont l'habitude de les attacher, et on n'en laissera subsister que là où l'on voudra concentrer la récolte. On fauchera les végétaux aquatiques, et on n'en conservera que des touffes isolées ; ces touffes deviendront de véritables frayères naturelles que l'on enlèvera facilement et que l'on séquestrera ensuite, si l'on veut, dans des bassins ou des appareils préparés d'avance pour les recevoir.

On comprend, du reste, que l'organisation de ces frayères naturelles dépend entièrement des conditions locales, et que c'est à l'observation qu'il appartient de les distribuer le plus avantageusement possible.

Si, dans les bassins où l'on veut faire multiplier les espèces que l'on y conserve, il n'existe pas de plantes aquatiques ou d'autres corps sur lesquels les femelles puissent déposer leurs œufs, on les remplace par des frayères artificielles.

Ces frayères, dont la structure et les dimensions peuvent varier à l'infini, sont de la plus grande simplicité.

On construit, avec des lattes ou des perches d'un mètre et demi à deux mètres de long, un cadre, sur l'un des côtés duquel on fixe parallèlement à ce côté, et à des distances à peu près égales, six ou sept autres perches plus minces. A ces perches on attache, avec de l'osier, par exemple, des touffes de racines ou de plantes, des balais de bruyère, que l'on place à côté les uns des autres, de façon à former de petits massifs.

On charge une des extrémités de l'appareil d'un poids assez lourd pour le maintenir immergé, et l'on garnit l'autre extrémité d'une corde que l'on fixe au rivage et qui servira à retirer à volonté la frayère sans qu'il soit nécessaire d'entrer dans l'eau.

Si l'on veut se rapprocher davantage des conditions naturelles, on peut former les frayères à l'aide de morceaux de gazons assez serrés et drus que l'on place à côté les uns des autres, ou bien encore avec des plantes aquatiques enlevées avec la terre qui les soutient, et on les groupe ensuite dans des caisses plates de bois ou dans des vases de poterie.

Les frayères artificielles ainsi construites ne se placent pas indifféremment dans tel ou tel point d'une pièce d'eau. Le succès dépend du choix du lieu; et ce n'est que par l'étude de l'instinct des poissons, par la connaissance de leurs mœurs et de leurs habitudes que l'on arrive à bien déterminer la place la plus propre à l'établissement des frayères.

Généralement, dans l'état de nature, les femelles vont pondre leurs œufs dans les bas-fonds, sur les rivages ; c'est pourquoi il convient d'établir les frayères artificielles sous une mince couche d'eau, sur les bords en pente et exposés aux rayons du soleil.

Quant aux espèces qui déposent leurs œufs libres sur le gravier ou qui les cachent entre les cailloux, on devra, pour aider à leur reproduction, dans les endroits où coule une eau limpide sur un lit peu profond, près d'une source, par exemple, ou sur les bords d'un cours d'eau, on devra, disons-nous, couvrir le fond, de distance en distance, d'une couche épaisse de sable, de cailloux, de galets, afin que les femelles s'y rendent et y déposent leurs œufs.

Il ne suffit pas de recueillir les œufs fécondés, il faut encore arriver à les faire éclore dans les meilleures conditions possibles.

Il y a cent ans environ, Jacobi recommandait de placer dans de longues caisses de bois grillées à leurs extrémités, sur un lit de cailloux, entre lesquels il les disséminait, les œufs fécondés artificiellement. Cette méthode, qui lui avait réussi, avait aussi été mise en pratique par les deux pêcheurs de la Bresse, qui, au lieu de longues caisses, ont employé des boîtes circulaires percées comme des cribles.

Ces appareils, qui pouvaient suffire à l'origine de l'industrie nouvelle de la pisciculture, avaient des inconvénients que l'on a cherché, par la suite, à faire disparaître. On est parvenu à créer des appareils de la plus grande simplicité et qui peuvent aussi bien s'appliquer aux expériences du laboratoire qu'à une grande entreprise, au repeuplement en grand qu'au repeuplement d'un ruisseau, d'un étang, des eaux d'un parc.

L'appareil d'incubation dont on se sert le plus ordinairement est constitué par un assemblage de ruisseaux factices, mobiles, portatifs, qui se désarticule à volonté, et dont on augmente et diminue le nombre selon les besoins de l'exploitation. Les parois des rigoles artificielles qui le composent doivent préférablement être de poterie émaillée. La poterie, en effet, n'ayant aucune action sur l'eau, n'a pas les inconvénients du métal qui s'oxyde et empoisonne le poisson, ou du bois qui donne à l'eau un goût et des qualités qui peuvent être nuisibles, sans compter les impuretés dont ses parois se couvrent facilement.

On doit donner aux auges ou rigoles factices des dimensions convenables ; trop grandes, elles sont d'un maniement difficile et peuvent d'ailleurs ne plus être en rapport avec la place dont on dispose ; trop petites, elles ne peuvent suffire aux besoins d'une exploitation quelque peu considérable.

« Celles qui composent mon appareil, dit M. Coste dans ses *Instructions pratiques sur la pisciculture*, ont cinquante centimètres de long sur quinze de large et dix de profondeur. Elles portent sur le côté, à six ou sept centimètres d'une de leurs extrémités, une gouttière de décharge ; sur la face de l'extrémité opposée, et au niveau du fond, un trou qui permet de les vider entièrement, et à l'intérieur, à peu près vers le milieu de leur profondeur et de chaque côté, deux petits supports saillants.

« Chaque auge est garnie d'une claie sur laquelle on étale les œufs fécondés que l'on veut faire éclore. Les barreaux de cette claie, formés par des baguettes de verre placées parallèlement, soit en long, soit en large et écartées les unes des autres de deux à trois millimètres, sont maintenus, à l'aide d'une très-mince lame de plomb, dans les entailles pratiquées sur le bord inférieur des pièces qui forment les extrémités d'un encadrement de bois. Une traverse, également munie de petites entailles proportionnées au volume des baguettes, occupe le milieu du cadre qu'elle contribue à consolider en même temps qu'elle soutient le clayonnage de verre. Les dimensions de cette claie doivent être en rapport avec l'intérieur de l'auge, de telle sorte que l'on puisse, sans efforts, la mettre en place ou la retirer, manœuvre à laquelle on est quelquefois obligé de se livrer durant l'incubation et que facilite la présence d'une anse de fil de fer étamé à chaque extrémité du cadre. C'est sur les supports saillants dont la rigole factice est pourvue ou sur de petites cales mobiles que repose cette claie. Elle est donc à deux ou trois centimètres au-dessous du niveau de l'eau, et se trouve par conséquent beaucoup plus rapprochée de la surface que du fond.

« La structure bien simple de cette claie permet de remédier très-facilement aux accidents qui peuvent survenir. Si l'une des baguettes qui la forment se brise, on répare sans peine le mal, en soulevant, d'un côté seulement, la lame de plomb, en mettant une baguette intacte à la place de la baguette brisée, et en pressant ensuite sur le plomb pour le ramener sur le clayonnage et le consolider. Du reste, cette partie de l'appareil est bien moins fragile qu'on ne pourrait le supposer. Aucune des nombreuses claies dont je me suis servi l'an dernier n'ont eu, durant quatre mois qu'elles ont fonctionné, de réparations à subir.

« On peut arranger de plusieurs manières les auges pourvues de claies pour en former un appareil; mais la disposition la plus convenable consiste à les étager à côté les unes des autres, sur un double rang de gradins se correspondant comme le feraient les marches d'un double escalier. La rigole qui occupe le gradin le plus élevé sert, selon les besoins, de ruisseau à éclosion, ou de filtre, si les eaux que l'on emploie ne sont pas très-pures : dans ce dernier cas, après avoir enlevé la claie, on remplit cette auge de charbon pilé, de sable fin ou d'herbes aquatiques. Ce ruisseau médian doit être muni, vers l'extrémité opposée à celle par où lui arrive l'eau, de deux gouttières au lieu d'une seule : l'une à droite, l'autre à gauche. L'eau se trouve ainsi divisée en deux courants, qui tombent dans les auges latérales où, au moyen de gouttières alternes, le liquide serpente, s'aérant de chute en chute à mesure qu'il parcourt les divers compartiments de chacune des ailes de cet appareil, et se déverse enfin de chaque côté, soit dans un tuyau qui la conduit à un réservoir ou à un ruisseau d'écoulement, soit dans une grande cuvette de bois qui la laisse échapper par un tube de décharge.

« La cuvette sur laquelle est dressé l'appareil n'est pas absolument nécessaire ; cependant elle est une condition de propreté. A ce titre, on fera bien de l'adopter partout où l'on voudra éviter l'humidité produite par l'eau qui suinte, quelque soin que l'on apporte dans l'ajustement des rigoles, et surtout par celle qui déborde, soit lorsqu'on active les courants, soit pendant les manœuvres auxquelles on est obligé de se livrer pour retirer les jeunes œufs entassés au fond des auges, pour enlever et nettoyer les claies, etc. La longueur de cette cuvette varie nécessairement selon le nombre d'auges qu'elle doit recevoir.

« Que l'on adopte ou non cette cuvette, il faut, pour la facilité du service, que la table ou tout autre support sur lequel on établit l'appareil ait, en élévation, de 80 à 90 centimètres environ, de telle sorte que l'auge la plus basse ne se trouve pas tout à fait à hauteur d'appui, et la plus élevée à

1 mètre 30 ou 1 mètre 40 centimètres du sol. Dans cette position, rien n'échappe à la vigilance d'un surveillant ; il a constamment les œufs sous l'œil, et son action peut s'exercer aisément sur tous les points. »

Avec cet appareil, les œufs arrivent plus sûrement à l'éclosion que dans l'état de nature ; car on les préserve ainsi par cette séquestration de la voracité des espèces qui s'en nourrissent ; on leur évite en un mot toutes les causes de mortalité qui peuvent les frapper.

Pendant tout le temps que dure l'incubation, les œufs ne doivent pas être livrés à eux-mêmes ; ils réclament, au contraire, une surveillance assidue. En effet, il se forme souvent sur les œufs, surtout lorsqu'ils sont trop entassés, une espèce de byssus ou végétal cotonneux, qui les frappe de mort. Le seul remède à ce fléau est d'enlever promptement avec des pinces les œufs atteints, sans quoi le mal se propagerait rapidement et détruirait un grand nombre d'œufs.

Souvent aussi, par suite d'un séjour prolongé dans une eau qui n'a pas toute la pureté désirable, il se forme sur les œufs une couche de sédiment qui pourrait nuire au développement de l'embryon. Jacobi débarrassait les œufs de cette couche en promenant légèrement sur eux les barbes d'une longue plume ; on peut également se servir des fines soies d'une brosse en blaireau, semblable à celle dont se servent les peintres.

Si les matières déposées sont très-abondantes, le moyen le plus sûr pour soustraire les œufs au danger est de faire passer les œufs que l'on a préalablement lavés dans une auge propre et de nettoyer l'appareil.

Enfin l'intervention de l'homme devient encore nécessaire lorsque des larves d'insectes attaquant les œufs ; ce sont des ennemis dont on doit les délivrer le plus promptement possible

Une fois éclos, les poissons n'ont pas tous le même instinct. Les uns, comme le brochet, la perche, perdent en peu de jours leur caractère fœtal et échappent, grâce à leur vivacité et à leur instinct vagabond, aux soins qu'on leur pourrait donner. Les autres, comme les truites, les saumons, alourdis par une énorme vésicule ombilicale, sont longtemps encore pour ainsi dire à l'état fœtal. Ce sont ceux-ci surtout qui demandent tous les soins de l'alevinage, pour les garantir des dangers auxquels ils sont exposés pendant les premiers mois qui suivent leur naissance.

L'industrie a créé dans ce but des bassins d'alevinage où on les garde jusqu'à ce que ces espèces puissent être sans danger abandonnées à elles-mêmes. Peu importent la forme et les dimensions de ces bassins d'alevinage pourvu qu'ils soient voisins des pièces d'eau, des étangs, des fleuves que l'on veut peupler. Le meilleur moyen serait, si toutefois les conditions s'y prêtent, que ces bassins aient avec les rivières, les fleuves et les étangs une communication directe que l'on pourrait supprimer à volonté à l'aide d'écluses ou de barrages.

Les bassins d'alevinage doivent être alimentés d'une eau limpide et courante, et il est nécessaire que cette eau, même par les plus grandes chaleurs, ne s'élève pas au delà de 14 degrés. Car sous l'influence d'une plus haute température, la peau des jeunes poissons se couvrirait de parasites qui détermineraient la chute des écailles et une sécrétion abondante de mucosité qui les ferait dépérir et amènerait bientôt la mort.

La propreté étant une condition essentielle de succès, il faut avoir soin de ne point laisser envahir les parois des bassins d'alevinage par des mousses, et ne point laisser s'accumuler les vases et les sédiments qui pourraient altérer l'eau et devenir par suite une cause de mortalité.

L'action de l'homme ne doit pas se borner aux soins qui

assurent la conservation des jeunes poissons ; elle doit encore intervenir pour favoriser leur accroissement et leur fournir une nourriture appropriée à leurs appétits.

Une fois éclos, les petits poissons gardent une diète rigoureuse qui dure plus ou moins longtemps suivant les espèces et dont la cessation est annoncée chez toutes par la disparition de la vésicule ombilicale. La faim ne s'éveille chez eux, que lorsque les éléments nutritifs contenus dans cette vésicule ont été absorbés.

Quelle que soit donc l'espèce que l'on ait obtenue par les procédés de fécondation et d'éclosion artificielles, on peut se dispenser de nourrir les nouveau-nés tant que persiste la vésicule ombilicale. Ce n'est que lorsque cette vésicule a été entièrement résorbée qu'il faut songer à leur donner une nourriture appropriée à chaque espèce. Soit qu'on les nourrisse avec des débris d'animaux broyés crus ou cuits, ou avec de petits animaux vivants, on peut facilement en élever plusieurs milliers dans des espaces très-restreints et leur faire prendre un accroissement assez rapide pour qu'on puisse les disperser dans les plus grandes eaux où ils pourvoient eux-mêmes à leur subsistance.

C'est par de tels procédés que la pisciculture, devenue aujourd'hui une industrie importante, est parvenue à remplacer la nature, à la seconder et à enrichir nos rivières, nos fleuves, nos viviers, nos étangs, non-seulement d'espèces qui vivent dans nos climats, mais encore d'espèces qu'elle va chercher au loin, qu'elle acclimate dans nos eaux ; et c'est ainsi qu'elle arrive à créer des ressources nouvelles pour l'alimentation publique.

Les Chinois (1) ont un moyen particulier pour faire éclore

(1) *Moniteur*, octobre, 1867.

le frai du poisson et le garantir des accidents qui en détruisent communément une grande partie : Les pêcheurs recueillent avec soin, sur le bord et sur la surface de l'eau, toutes les masses gélatineuses qui contiennent le frai du poisson, et, après s'en être procuré une quantité suffisante, ils remplissent de cette matière la coque d'un œuf de poule qu'ils ont vidé auparavant, bouchent avec de la cire l'ouverture qu'ils ont faite et la mettent sous une poule qui couve. Au bout d'un certain nombre de jours, ils rompent la coque en la plongeant avec son contenu dans de l'eau chauffée au soleil, et le frai ne tarde pas à éclore.

On garde ensuite l'alevin dans l'eau pure et fraîche jusqu'à ce qu'il soit assez fort pour être mêlé dans l'étang, la pièce d'eau ou la rivière avec les autres poissons. Un naturaliste anglais, qui a suivi en qualité de volontaire la dernière expédition anglo-française en Chine, nous a affirmé que la vente du frai destiné à cet usage constituait en Chine une branche de commerce assez considérable.

Nous avons exposé rapidement les moyens que cette industrie emploie ; ils peuvent varier dans les détails, mais ils arrivent tous au même résultat ; comme dans toute autre industrie, les moyens employés aujourd'hui pourront se perfectionner par suite d'essais et d'expériences continues, suivre en un mot la loi du progrès en toutes choses. De grands établissements ont été créés de toutes parts et elle est devenue déjà une source abondante de produits alimentaires.

Si les essais piscicoles entrepris il y a déjà quelques années réussissent, comme nous n'en doutons pas, si l'élevage du poisson devient désormais facile, si l'art nouveau est popularisé, un grand service sera rendu à tout le monde, aux propriétaires de lacs, de mares, de viviers, de rivières, de canaux, et à la consommation publique dans laquelle le poisson entre pour une part plus large qu'on ne le croit généralement. A Paris, par exemple, la consommation du poisson est d'environ un douzième de celui de la viande, c'est-à-dire qu'on mange douze kilogrammes de viande contre un kilogramme de poisson. Sur tout le littoral où les habitants mangent peu de viande, la consommation du poisson doit être bien plus grande, puisque là on le trouve en abondance et à bon marché. Il en serait de même à l'intérieur si les eaux douces étaient bien peuplées.

Pour peupler un hectare d'eau, 50 femelles et 30 mâles suffisent ; chaque femelle fournit annuellement 300,000 sujets, soit pour un hectare 7 millions 250 mille petits, qui laisseront de vivant à la fin de l'année un million 250 mille femelles. Mais n'allons pas si loin, et admettons que la multiplication ait lieu dans des proportions infiniment moindres. Que le nombre, au lieu d'être de un million 250 mille à la fin de l'année soit réduit à vingt mille, et à cinq ans de là qu'il soit de cent mille au lieu d'être de 15 millions ; admettons maintenant que chacun des cent mille poissons pèse un demi-kilogramme ; c'est donc 50 mille kilogrammes que l'hectare contient. Admettons encore que la pêche annuelle soit d'environ le cinquième, ce sera 10 mille kilogrammes que chaque hectare donnera à la consommation, année moyenne, soit, pour 646,284 hectares d'eau qui couvrent la France, une masse totale de 6 milliards 462 millions 848 mille kilogrammes. Mais au lieu de ce produit fabuleux, incroyable et pourtant possible, ne serait-il à l'hectare que de 1,000 kilogr., il serait encore, pour une superficie d'eau de 600,000 hectares, en nombre rond, de 600 millions de kilogrammes, soit près de 17 kilogrammes, en moyenne par habitant, presque autant que de viande, puisque la moyenne officielle est de 20 kilogrammes par tête.

Voilà, au minimum, la quantité de poisson d'eau douce que donnerait chaque année l'art piscicole en France, s'il était habilement pratiqué.

Pourquoi un étang, une mare, un abreuvoir, un canal d'irrigation resteraient-ils sans poissons ? L'intérêt du propriétaire lui commande certainement d'en mettre, et nous croyons qu'obéissant au désir naturel à chacun de tirer le plus de fruit possible d'une propriété mal exploitée, ou même inexploitée, il fera de la pisciculture. Mais l'intérêt personnel, essentiellement égoïste, se défie des théories qu'il ne connaît pas, et, pour entrer dans une voie nouvelle, il a presque toujours besoin d'être stimulé.

CULTURE ARTIFICIELLE DES POISSONS D'EAU DOUCE.

Aux notions générales qui précèdent, nous croyons devoir ajouter quelques détails concernant la culture artificielle des espèces dont il a été question dans le cours de cet ouvrage.

La Truite. — Ce poisson ne vit pas dans les eaux qui ont plus de 15 à 20 degrés de température.

Le frai de la truite a lieu dans le midi aux mois d'octobre et novembre, et dans le nord aux mois de janvier et février.

Il est préférable dans l'incubation artificielle de faire usage de frai provenant d'individus qui pondent en octobre.

Le Brochet. — Le brochet fraie du 15 février au 15 mars.

La fécondation artificielle s'effectue de la même manière que celle de la truite.

L'eau d'éclosion doit avoir une température de 8 à 9 degrés.

Les œufs éclosent vers le quinzième jour de l'incubation.

Quinze jours après l'éclosion, l'alevin peut être livré à lui-même dans les eaux libres.

La Carpe. — La carpe fraie du 15 mai au 15 juin.

Elle dépose ses œufs sur les végétaux aquatiques.

L'âge de trois à quatre ans est l'époque où la carpe produit le plus d'alevin.

La Brême. — La fécondation de la brême a lieu comme celle de la carpe.

Ce poisson fraie vers la deuxième quinzaine de mai sur les herbages qui bordent les rives.

Pour peupler un cours d'eau, il suffit le plus souvent d'y transporter les herbages sur lesquels les œufs se sont fixés.

L'éclosion a lieu à la température de 13 à 16 degrés, et le frai de ce poisson ne se produit que vers la troisième année de son âge.

La Tanche. — La tanche dépose son frai dans le courant de juillet sur la vase des bas-fonds.

Une femelle pond jusqu'à 100,000 œufs.

L'éclosion ne saurait avoir lieu qu'à la température de 22 à 25 degrés.

Pour procéder à la fécondation, il faut choisir, vers le 15 juin, quatre femelles et deux mâles et traiter le poisson comme il a été dit aux notions générales.

La Perche. — Ce poisson fraie en avril, sur les herbes qui bordent les rives des eaux calmes.

Les œufs sont réunis en chapelet; une femelle en pond de 25 à 30,000.

La ponte a lieu en quelques minutes, c'est-à-dire que la femelle se débarrasse de ses œufs instantanément.

L'eau d'éclosion doit avoir de 10 à 12 degrés de chaleur.

Le Barbillon. — Le barbillon fraie vers la deuxième quinzaine de mai, dans les cours d'eau rapides et sur les fonds de gravier.

Les œufs sont fécondés aussitôt la ponte.

L'eau doit avoir une température de 12 à 14 degrés.

L'éclosion a lieu au bout de quinze jours ou trois semaines, et aussitôt la résorption du vésicule ombilical, l'alevin doit être mis en liberté.

Vers le mois de septembre, le barbillon a la grosseur d'un fort goujon.

Le Dard. — La fécondation artificielle du dard ne se pratique que lorsqu'on a des poissons voraces à nourrir.

La ponte a lieu vers la première quinzaine de mars et toujours le soir.

Les œufs une fois fécondés sont jetés à la volée dans les eaux courantes à peupler. Huit ou dix jours après, l'éclosion a lieu.

Le Juerne ou Meunier. — Le juerne ou meunier que l'on nomme aussi chevanne, fraie vers le 15 du mois de mai. Ce poisson dépose ses œufs dans les courants rapides et sur les sables et graviers des bas-fonds.

La ponte s'effectue complétement en quelques heures.

L'eau d'éclosion doit avoir de 12 à 13 degrés.

Le Gardon. — Le gardon fraie vers la deuxième quinzaine de mai.

Les œufs sont déposés sur les végétaux aquatiques qui garnissent les bas-fonds.

Les frayères artificielles se garnissent promptement d'œufs; elles doivent aussitôt être transportées dans les eaux à empoissonner.

L'Anguille. — Est vivipare.

Les jeunes sujets font leur apparition dans la Garonne et la Charente à la fin de février ; vers le 15 de mars, l'anguille remonte la Loire, et c'est seulement au commencement d'avril qu'on en rencontre dans la Basse-Seine et dans l'Orne.

On les engraisse avec du sang caillé et du crottin.

A l'âge de quatre ans, une anguille pèse de 1 à 2 kilogrammes.

Le Goujon. — Ce poisson fraie du 15 avril au 15 mai et dépose ses œufs sur le sable et les galets des fonds.

Huit jours après la ponte, les œufs donnent naissance à l'embryon.

L'Ablette. — Le frai de l'ablette a lieu pendant les mois de mai et juin ; ce poisson dépose ses œufs sur les herbages des rives.

Comme le dard et le gardon, l'ablette ne se produit artificiellement que pour la nourriture des poissons voraces.

Nous recommandons à ce sujet l'emploi des frayères artificielles.

La Loche. — La loche fraie au printemps ; elle dépose ses œufs sur le sable et les graviers des bas-fonds.

Le Saumon. — Fraie au mois de mai. Même culture que la truite.

L'Esturgeon. — Fraie au mois d'avril et mai. En Sibérie, d'après Bloch, on pêche des femelles qui portent avec elles cent kilogrammes d'œufs et des mâles dont la laitance pèse vingt-cinq kilogrammes.

L'Alose. — Fraie en mars. Lorsque l'alose fraie, elle fait un bruit qui s'entend de fort loin.

Le Chabot. — Fraie en mars et avril. Sa multiplication est considérable.

L'Ombre. — Fraie à la fin de mai.

La Lamproie. — Fraie aux mois de mars, avril et mai.

L'Éperlan. — Fraie en avril.

La Lotte. — Fraie en décembre et janvier.

Le Véron. — Fraie en juin.

Le *Barbeau-fluviatile.* — Fraie quand il a atteint trois ans, et pond ses œufs au mois de mai. Il choisit les courants les plus profonds et les plus rapides, et dépose ses œufs sur les pierres. Très souvent, suivant leurs conditions de maturité ou de lieu, ces œufs sont malfaisants et même vénéneux.

La *Carpe carassin.* — Fraie en juin, dans des eaux peu profondes, et fixe ses œufs aux végétations qui garnissent le lit de la rivière.

Le *Cyprin-gibèle.* — Fraie en juin, comme le carassin.

La *Grémille.* — Fraie en mars et avril, et dépose ses œufs sur les pierres, dans une eau peu profonde.

Le *Silure commun.* — Fraie en mars, juin et juillet ; ses œufs sont verdâtres et il les dépose sur la vase, au bord de l'eau. Ce poisson, très vorace, atteint parfois de très grandes proportions. On en a vu qui avaient jusqu'à 4 mètres de longueur.

La *Truite saumonée.* Fraie de novembre à février.

L'Ombre-chevalier. — Fraie de novembre à mars. Il se nourrit de menus poissons, de coquilles et d'escargots, etc. Sa chair, grasse et tendre, est exquise et on la préfère souvent à celle de la truite saumonée

DES AQUARIUMS

I

Aquariums du Collège de France et du Jardin d'Acclimatation.

Le nom d'aquarium a été donné à tout réservoir d'eau artificiel, destiné à conserver vivants des animaux ou des végétaux qui habitent les eaux douces ou salées. Les amateurs de pisciculture peuvent prendre pour modèle l'aquarium marin construit par M. Coste au Collège de France, et dont voici la description exacte :

« Ce réservoir, de forme rectangulaire, est composé de quatre glaces maintenues par un encadrement de fer; une pierre bleue de Belgique forme le fond du bassin. Il est rempli d'eau de mer artificielle préparée au moyen de proportions déterminées de sel marin, de sulfate de magnésie, de chlorures de magnésium et de potassium. L'eau s'y renouvelle continuellement; en même temps, une petite roue à augets, qui plonge dans le liquide et qui est mue par une manivelle, sert à l'agiter de temps en temps, afin de l'aérer et de produire ces petites vagues qui paraissent nécessaires à l'existence des êtres marins. Mais comme l'eau, habitée exclusivement par des animaux, se corromprait bien vite, on y a introduit des plantes en état de végétation. Le fond de l'aquarium est occupé par des algues, des varechs et autres plantes marines, reposant sur un lit de sable, de roches ou de galets. Sur cette couche minérale sont placés des buccins, des étoiles de mer, des sèches, plusieurs variétés d'actinies, des sertulaires, des annélides de toute espèce. Un aquarium ainsi disposé donne le moyen de conserver vivantes une foule d'espèces zoologiques peu connues. Il permet en même temps de procéder à des essais de fécondation artificielle sur divers animaux marins. »

Le Jardin zoologique d'acclimatation possède surtout un aquarium important, dû à l'initiative du professeur Coste, et dirigé aujourd'hui par M. Coumes, l'habile ingénieur des travaux du Rhin.

Cet aquarium a été fondé en vue du repeuplement de tous nos cours d'eau, et déjà il a donné, au point de vue de l'expérimentation, d'intéressants résultats.

Cet aquarium s'enrichit d'ailleurs chaque année de plusieurs espèces de poissons d'eau douce des plus rares et des plus précieuses. C'est ainsi qu'en 1863 il a reçu un silure, des lottes, des feras, des ombres et des métis-truites-ombres, envoyés par l'établissement impérial d'Huningue.

On récolte dans l'aquarium du Jardin d'acclimatation, sur des poissons destinés à la consommation, des œufs qui sont expédiés gratuitement, lorsqu'ils sont près d'éclore, à toute personne qui en fait préalablement la demande. A son tour, le Jardin d'acclimatation reçoit chaque année plus de quarante mille œufs de truites, de saumons, etc., que les visiteurs voient avec le plus vif intérêt se développer sous leurs yeux:

« C'est un bâtiment carré long, solidement construit en pierre, de 40 mètres de long sur 10 de large, offrant une rangée de quatorze réservoirs en ardoise d'Angers, alignés du côté du Nord. Ces réservoirs, à peu près cubiques, offrent des devants de forte glace de Saint-Gobain, qui permettent de voir l'intérieur. Ils sont éclairés par le haut, il en résulte un demi-jour verdâtre, uniforme, mystérieux, qui donne une idée exacte des faibles clartées sous-marines.

Chaque réservoir contient environ neuf cents litres d'eau ; il est garni de rochers disposés sur le fond en amphithéâtre d'une manière pittoresque, et sur ces rochers s'étalent ou s'élèvent diverses espèces de plantes aquatiques. Sous ces plantes, et dans les anfractuosités du rocher, ou même dans le sable qui garnit le fond, certains animaux trouvent des retraites suffisantes. Dix de ces réservoirs sont destinés aux animaux marins. Les quatre autres sont remplis d'eau douce.

Cette eau n'est jamais changée, mais elle est sans cesse en mouvement. Elle circule. Ce mouvement est produit de la manière suivante : on profite d'un courant d'eau amené par le grand tuyau de la concession qui alimente le bois de Boulogne. Cette eau, soumise à une forte pression, comprime une certaine masse d'air ; cet air, dès qu'on lui permet d'agir sur une partie de l'eau de mer contenue dans un cylindre fermé qui se trouve au-dessous du niveau de l'aquarium, la fait monter et entrer dans les réservoirs où elle s'introduit par un petit jet. L'eau de mer pressée absorbe beaucoup d'air qu'elle entraîne avec elle dans les réservoirs. Un tuyau placé dans un coin de ces derniers reçoit le trop plein du liquide et le conduit dans un filtre de charbon très serré, d'où il passe dans un grand réservoir souterrain de fonte doublé de gutta-percha. De là, l'eau revient au cylindre fermé, y subit encore la pression de l'air, et monte de nouveau dans l'aquarium.

Les cylindres étant sous terre, on y maintient facilement une température égale de 16° environ, ce qui est à peu près la température uniforme de l'eau dans l'Océan.

Pendant l'hiver le bâtiment est chauffé.

Dans cette circulation et cette agitation de l'eau, sa masse tend à diminuer par l'évaporation, et le liquide finirait par devenir trop dense si on ne remédiait à cet inconvénient en y ajoutant de l'eau pure. A l'aide d'un appareil spécial on fait entrer de temps en temps dans le grand réservoir une certaine quantité d'eau pluviale qui vient du bâtiment. Un hydromètre indique le moment où cette addition d'eau douce est devenue nécessaire (1). »

II

Construction d'un aquarium. — De l'eau et du renouvellement de son oxygène. — Plantes aquatiques. — Lit de l'aquarium. — Rochers factices. — Du choix de l'eau. — De l'influence de la lumière et de la chaleur sur la population de l'aquarium.

On prendra une caisse cubique ou parallélipipédique, en verre. Elle devra pouvoir contenir une quinzaine de litres d'eau. Les glaces qui en formeront les parois devront être suffisamment épaisses pour pouvoir supporter la pression du liquide : le verre ordinaire ou même double ne pourrait remplir cet office; au moindre heurt il se briserait et, outre l'inondation qui résulterait de cet accident, il serait très dif-

(1) Jules Pizetta, *l'Aquarium d'eau douce.*

ficile d'avoir immédiatement sous la main des récipients capables de concourir au sauvetage des habitants; on courrait donc le risque d'en perdre une notable partie.

Les glaces devront être maintenues dans des montants en fonte, à rainures, et soigneusement lutées dans ces supports. On peut, comme lut, employer la glu marine liquide ou bien un mélange de bitume et de caoutchouc dissous en proportions égales. On peut encore fixer les glaces avec du blanc de zinc que l'on recouvre, quand il est parfaitement sec, d'une pâte formée de craie et d'une dissolution de gomme laque dans du naphte.

L'aquarium ainsi préparé, et le tout bien sec, on le remplit d'eau et on le vide tous les cinq ou six jours. Au bout d'un mois, toutes les substances qui pouvaient se dissoudre ont disparu et l'eau n'acquiert plus aucune propriété pernicieuse pour la santé des habitants. Il est surtout essentiel de recouvrir d'un vernis bien isolant et parfaitement insoluble dans l'eau les parties de la fonte qui doivent être en contact avec cette dernière.

Voilà déjà le local préparé. Tel qu'il est, il peut recevoir quelques espèces, des cyprins, des vérons, etc.; mais la plupart des animaux aquatiques n'y trouveraient pas les conditions nécessaires à la vie. Les poissons, comme les animaux qui vivent sur le sol, respirent l'air. Pour eux, la quantité d'air nécessaire est infiniment plus petite que celle que demandent les autres animaux, mais enfin ils meurent si cette minime quantité leur fait défaut. Il faut donc que l'oxygène tenu en dissolution dans l'eau soit constamment renouvelé, et il y a pour cela plusieurs moyens dont le préférable est celui-ci:

Dans l'acte de la respiration les animaux s'assimilent l'oxygène de l'air et expirent l'azote et de l'acide carbonique. Or, les plantes ne vivent pas seulement par les racines : elles vivent aussi par les feuilles et les divers tissus qui enveloppent leurs tiges. Les plantes respirent comme nous, comme les animaux, sans avoir besoin pour cela de poumons ou de branchies. Mais, au contraire des animaux, elles absorbent le carbone, partie constitutive de leurs tissus, et exhalent l'oxygène ; ils y a ainsi un échange continuel entre les deux grands ordres d'êtres, entre les animaux et les végétaux ; les premiers fournissent aux seconds le carbone, qui leur est nécessaire et ils en reçoivent l'oxygène qui leur est indispensable. Par conséquent, en introduisant dans un aquarium un certain choix de plantes aquatiques, on y établit une véritable fabrique d'oxygène et il devient inutile d'en changer l'eau, si ce n'est tous les huit ou dix mois, quand elle est souillée par des détritus, des déjections, etc., qui en altèrent à la longue la pureté. Double avantage encore : les animaux trouvent un abri dans ces plantes, et elles donnent à l'appareil un air naturel tout à fait charmant.

Il faudra donc mettre au fond de l'aquarium une couche de menu sable de mer ou de rivière, de fin gravier, épaisse de 5 à 6 centimètres. Ce sable devra être préalablement lavé à grande eau ; il ne devra servir que lorsque la dernière opération de lavage aura laissé l'eau dans un état de limpidité parfaite. Bon nombre d'amateurs, croyant fournir aux plantes aquatiques un terrain plus propice à leur développement, mettent sous le sable une première couche de terre végétale ou de terreau. C'est une erreur profonde et préjudiciable au bien-être des animaux tout en n'étant d'aucune utilité pour les plantes. L'eau dissout toujours certains principes constitutifs de ces terres, se trouble même et devient bientôt absolument impropre à la vie aquatique.

Voilà l'oxygène assuré aux habitants de notre petit vivier. Est-ce tout ? pas encore.

Certains de ces habitants sont amphibies ; ils ne peuvent vivre continuellement dans l'eau ; ils sont obligés de venir à la surface du liquide respirer de temps en temps l'air atmosphérique. Il leur faut donc un petit pied-à-terre, un petit îlot, autrement ils s'épuisent en efforts longs et pénibles pour se maintenir à la surface, et ils troublent le repos et la tranquilité de leurs voisins par les mouvements désordonnés que nécessite cette station en dehors du milieu commun : les *grenouilles*, les *tritons*, beaucoup de *mollusques* sont dans ce cas. Plusieurs personnes, dans ce but, mettent une petite planchette sur l'eau ; mais cette installation, absolument primitive, est défectueuse à beaucoup d'égards. D'abord la planchette flotte, elle est extrêmement mobile, et l'animal est astreint à des exercices de véritable clown pour s'y installer. Ensuite, elle bascule sous le poids de l'animal avant qu'il en ait atteint le centre et il retombe dans l'eau. Il s'épuise plus ou moins longtemps et ne tarde pas à être asphyxié. Enfin, pour supporter un ou plusieurs animaux, cette planchette doit avoir une assez grande dimension, et elle couvre une notable partie de la surface du liquide, empêchant ainsi le contact de l'air atmosphérique.

Installez donc dans l'aquarium un petit rocher dépassant plus ou moins le liquide et sur lequel, principalement la nuit, les animaux amphibies viennent respirer et s'ébattre. Ce rocher devra présenter de nombreuses anfractuosités pour servir d'abri et de refuge aux petites espèces. On trouve chez les fabricants d'aquariums de ces rochers tout préparés, tout perforés par certains mollusques de mer ; mais ils ont le désagrément d'être fort lourds et de rendre l'aquarium, déjà peu maniable en raison du poids de l'eau (1 kilogramme par litre), entièrement difficile à déplacer. Il est donc préférable de faire soi-même ces rocailles.

La surface émergeante doit être pourvue d'excavations, et elle doit être surtout d'un accès facile aux espèces qui viendront y séjourner. Vous lui donnerez, en conséquence, une pente douce jusqu'à un ou deux centimètres au-dessous du niveau de l'eau. Des excavations plus considérables que les premières pourront recevoir des plantes aquatiques.

Une question très importante aussi est celle de la température de l'aquarium et de la quantité de lumière dont il doit être éclairé.

Une eau trop chaude nuit aux animaux ; une eau trop froide leur est aussi préjudiciable. La température ne doit pas être supérieure à 15° ou 16°, ni inférieure à 6° ou 5° ; si l'eau se glaçait, l'aquarium se transformerait en une nécropole et les glaces courraient fort le risque de se briser sous l'effort de la congélation. Sous l'influence de la chaleur, il se produit dans l'eau un phénomène tout particulier, qu'il importe de connaître pour en prévenir, au besoin, les conséquences : l'eau contient toujours en dissolution ou en suspension une certaine quantité de matières étrangères, quelque pure et quelque filtrée qu'elle soit. Soumise à une certaine *température* et à une vive *lumière* (exposée au soleil, par exemple), l'eau devient le siège d'une fermentation insensible à la suite de laquelle apparaissent çà et là, dans sa masse, de légers flocons, à peine visibles, d'une matière impalpable et translucide. Bientôt la couleur et la consistance de ces flocons s'accentuent peu à peu, et le microscope nous les montre comme formés d'une infinité de filaments végétaux, plus déliés que des cheveux, et enchevêtrés comme les fils d'un flocon d'ouate. C'est là une végétation absolument primitive et qui croît avec une surprenante rapidité sous l'influence du carbone exhalé par les habitants de l'aquaquarium et sous celle de la lumière.

Au milieu de cet inextricable et lilliputien réseau verdâtre apparaissent bientôt des myriades de petits corpuscules animés, qui vivent de cette végétation. D'autres animaux un peu plus grands viennent ensuite et dévorent les premiers. Ces *infusoires*, quand ils sont en petit nombre, ne nuisent pas dans l'aquarium, car ils servent eux-mêmes de nourriture aux poissons, aux têtards et à certains mollusques ; mais si on laissait pousser trop activement la végétation confervoïde, les petites algues dont j'ai parlé, elles ne tarderaient pas à envahir complètement la masse du liquide, à tapisser les parois du récipient et à gêner considérablement les mouvements des animaux. Il faut donc les enlever peu à peu, et surtout garnir l'aquarium des mollusques qui en font leur nourriture, en attendant de servir eux-mêmes à la réfection des espèces supérieures.

Donc, pas de lumière trop vive, qui échauffe l'eau et y développe les conferves. Évitez surtout de laisser le soleil frapper directement l'eau. Pas trop d'ombre non plus, car les plantes de l'aquarium demandent de la lumière pour se développer et fournir à l'eau l'oxygène qui lui est nécessaire.

Passons maintenant à l'énumération des principales plantes que l'on devra choisir pour l'ornement de l'aquarium et la revivification du liquide.

III

Plantes diverses pour l'aquarium. — Poissons, mollusques, reptiles et insectes aquatiques.

Les plantes d'eau douce sont classées en trois grandes catégories, sous le rapport de leur mode de développement, et l'on ne saurait les admettre indistinctement dans un aquarium de petite dimension. Il y a d'abord celles qui flottent à la surface de l'eau, en laissant pendre des filaments qui leur tiennent lieu de racines et qui n'atteignent pas au lit de l'aquarium. D'autres poussent des racines qui n'exigent qu'une très faible profondeur du sol qui doit les recevoir et les nourrir, et elles croissent *étant submergées*. D'autres, enfin, ont des racines plus ou moins profondes, et nous ne saurions évidemment en tirer parti pour un aquarium d'appartement. Nous ne nous occuperons donc que des deux premières catégories, en désignant les plus communes, celles qui, en même temps, fournissent à l'eau une plus abondante quantité d'oxygène.

A. — *Plantes qui flottent à la surface de l'eau.*

1° Les LENTILLES D'EAU (Lemna) sont constituées par de toutes petites feuilles vertes, de la grosseur d'une lentille ordinaire. On les trouve en abondance dans les marais, où elles se reproduisent avec une prodigieuse rapidité au moyen de petits bourgeons latéraux. Sous ces petites feuilles pend un filament fibreux descendant plus ou moins profondément dans l'eau.

2° Le VOLANT D'EAU, constitué par une petite tige terminée par un bouquet de fleurs microscopiques. A chaque nœud de cette tige se trouvent quatre feuilles linéaires d'un très charmant effet. Une espèce de volant d'eau, le *volant verticillé*, porte cinq feuilles linéaires à chaque nœud.

3° Le SALVINIA NATANS, petite tige filiforme, à feuilles elliptiques, alternes, vertes en dessus et brunes en dessous. Très commun dans les marais du Midi.

4° Le PONTEDERIA AZURÉ, donnant de jolies petites fleurs bleues disposées en épi.

5° — Le PONTEDERIA ÉLÉGANT ; tige grasse et renflée,

d'aspect vésiculeux ; feuilles droites, aiguës et de forme rhomboïdale. Petites fleurs d'un bleu clair, à six pétales.

Ces deux espèces de Pontederia sont originaires du Brésil et se développent parfaitement dans un aquarium dont l'eau est maintenue à une température de 16° à 17°.

6. — Le STRATIOTES A FEUILLES D'ALOÈS, fort belle plante flottante dont l'aspect rappelle celui de l'aloës ; ses feuilles aiguës et étroites sont réunies en un bouquet du milieu duquel s'élancent de petites tiges portant chacune une petite fleur blanche composée de trois pétales.

B. — *Plantes immergées et poussant des racines tenant plus ou moins légèrement au sol.*

1. — La VALLISNÉRIE. Très curieuse à observer. Elle peut être plantée dans un lit bourbeux recouvert de cailloux, ou tout simplement dans un lit de sable et de cailloux. Elle est vivace. On la trouve fréquemment dans le Midi. Les feuilles, longues et rubanées, partent directement du col des racines et s'élèvent dans l'eau. De sein de ces feuilles partent des tiges portant les fleurs ; les fleurs mâles, contenues dans une coque s'ouvrant en trois sections, ont des tiges plus petites ; celles des femelles sont, au contraire, fort longues et enroulées sur elles-mêmes comme les tire-bouchons des plantes grimpantes. A l'époque de la fécondation, la coque de la fleur mâle s'ouvre et celle-ci, parvenue à sa maturité, quitte sa prison, monte, et vient flotter sur l'eau. En même temps la tige en tire-bouchon de la fleur femelle se déroule, s'allonge, monte aussi, et la fleur ouvre son calice au-dessus de l'eau, sans quitter sa tige. Le contact entre elle et la vagabonde fleur mâle a lieu, la fécondation se produit et la fleur femelle redescend doucement au fond de l'eau par un effet contraire de la vrille qui la supporte.

2. — L'anacharis. Plante vivace aussi, se reproduisant par de nombreux bourgeons prolifères. Très commun dans la Seine, principalement à Ivry et à Corbeil, et fournissant une grande quantité d'oxygène.

3° — Le callitric, produit aussi beaucoup d'oxygène. Belles feuilles vertes réunies en un bouquet et supportées par des tiges longues, minces et flexibles.

4° — Le lustre d'eau (Chara). Plante curieuse, composée de tiges et de petites radicelles sans feuilles. Ses graines contiennent des espèces de spermatozoaires végétaux, animés d'un mouvement propre quand ils deviennent libres.

5° — Les naïades. Petites touffes de feuilles ténues et pressées, d'un fort bel effet.

6° — L'aponogeton fourchu. Jolies fleurs blanches, ayant à peu près le parfum de l'héliotrope.

7° — L'épi d'eau. Jolie plante produisant de petites fleurs groupées en épis et émergeant de la surface de l'eau. Produit beaucoup d'oxygène.

8° — La morrène étale ses feuilles à la surface de l'eau et produit de belles petites fleurs blanches.

9° — Le rossoli (Drosera rotundifolia). Petites fleurs blanches groupées en épi sur une tige longue et mince. Les feuilles sont rondes et garnies à l'intérieur et aux bords de poils très durs. Ces poils se referment avec une grande énergie sur les insectes qui s'y posent et qui y périssent promptement. Très curieuse plante d'aquarium.

10° — Le nénuphar ou nymphoea, etc., etc.

L'aquarium étant suffisamment garni d'un choix de plantes nécessaires au renouvellement de l'oxygène de l'eau et au charme des yeux, il faut avoir soin de n'y placer que des espèces animales pouvant y vivre en bonne intelligence, ilserait, en effet, très désagréable et fort onéreux d'avoir continuellement à le recruter de mollusques ou de poissons dévorés promptement par des espèces plus voraces et plus fortes. Diverses considérations devront guider notre choix : il nous faudra d'abord des mollusques qui se chargeront du nettoyage de l'aquarium en absorbant les infusoires, les déjections des autres animaux, etc., et en broutant les conferves, algues et autres végétations encombrantes. Quelques insectes aquatiques rempliront aussi ce but et réjouiront l'œil par leurs ébats. Quelques menues espèces, des têtards, etc., rempliront fort bien aussi l'emploi d'agents de la salubrité. Puis enfin nous y mettrons des poissons de diverses formes et de diverses mœurs, en évitant de créer des conflits perpétuels entre des races qui n'ont pas encore désarmé depuis leur création.

A. — *Mollusques, annélides, crustacés, reptiles et insectes aquatiques.*

1° — Les PLANORBES, ou *colimaçons d'eau*, qui comprennent plusieurs espèces, et qui, avec les :

2° — LYMNÉES, constituent la meilleure brigade d'agents nettoyeurs dans un aquarium. Cependant il faudra apporter une grande précaution dans le choix des lymnées, car ces mollusques dévorent non seulement les algues et les déjections, mais encore les plus belles et les plus utiles plantes de l'aquarium, la Morrène, la Vallisnérie, etc.

3° — Les ANODONTES, ou *moules d'étang*; les NÉRÉIDES les PHYSES, les PALUDINES, etc.

Les principaux *reptiles* et crustacés à introduire dans l'aquarium, sont les suivants :

4° — Les SANGSUES, qui offrent de nombreuses espèces toutes très agréables à voir, mais qu'il ne faut admettre qu'avec prudence, en raison de leurs appétits voraces.

5° — L'AULASTOME, L'ASELLE D'EAU DOUCE, L'ÉCREVISSE, etc.

6° — Le LÉZARD D'EAU, OU TRITON, OU SALAMANDRE D'EAU; espèces très jolies, mais dont les œufs éclosent difficilement dans le domaine trop réduit d'un aquarium. Bons nettoyeurs.

7° — Les AXOLOTES, reptiles batraciens, originaires du Mexique; animaux très voraces et qui, comme les tritons, ont la singulière propriété de reproduire leurs membres lorsqu'ils ont été coupés.

8° — Les GRENOUILLES RAINETTES et leurs TÉTARDS. Les lâcher quand elles ont atteint leur entier développement, car elles occasionnent par leur turbulence un désordre préjudiciable à la tranquillité des habitants de l'aquarium.

Les principaux *insectes* admissibles sont les suivants:

9° — Les DYTIQUES, les HYDROPORES, les HYGROBIES, les HALIPLES, les ACILIES, les COLYMBÈTES, les HYDROCANTHARES, les GYRINS, les HYDROPHILES, etc.

B. — *Poissons.*

Observons d'abord que tout poisson de 4 à 5 centimètres de longueur demande pour son bien-être 1 litre d'eau; qu'un poisson de 8 à 10 centimètres en demande 3 litres, et qu'un poisson plus considérable en exige de 6 à 10 litres. Tenons compte, par conséquent, avant d'y accumuler les poissons, de la place que tiennent dans l'aquarium les rocailles et les rochers.

Cela dit, voici les principaux poissons que nous pourrons introduire dans un aquarium ayant 70 centimètres de long, 40 de large et 50 de hauteur:

Le CYPRIN DORÉ, le GOUJON, le BARBEAU, le VÉRON, l'ABLETTE, la BOUVIÈRE, la VANDOISE, le GARDON, la BRÊME, la BORDELIÈRE, la LOCHE, le MACROPODE, etc.

Viennent ensuite des espèces que l'on n'admettra que rarement avec les précédentes, ou dont on garnira un aquarium spécial, en raison de leurs appétits voraces et de leurs instincts destructeurs : l'ANGUILLE, le BROCHET, les ÉPINOCHES, les PERCHES, etc.

Un mot maintenant, pour finir, sur la nourriture des poissons.

La *mie de pain*, les *pâtes*, le *pain d'ange* (hostie) doivent être proscrits de leur alimentation. Ces corps fermentent, décomposent l'eau et nuisent à la santé des habitants de l'aquarium; tout cela est bon pour de petits bocaux à poissons rouges, dont l'eau est fréquemment changée. Donnez à vos pensionnaires des mouches, des petits vers, des insectes, des têtards, des larves, de la viande cuite ou même crue coupée en très menus fragments, et ils s'en trouveront fort bien.

Quant aux jeunes poissons, donnez-leur aussi du jaune d'œuf dur et émietté entre les doigts.

J. de RIOLS

FIN

TABLE DES MATIÈRES.

	Pages.
Avant-propos	3
Des instruments pour la pêche à la ligne	5
— Des cannes	5
— Du moulinet et des anneaux	8
— Des lignes	8
— Des hameçons	9
— De l'épuisette	11
Des amorces et esches	12
Du temps et des endroits les plus favorables pour la pêche.	19
Des diverses espèces de poissons	22
— Able ou ablette	22
— Alose	23
— Anguille	24
— Barbon ou barbillon	25
— Brême	25
— Brochet	26
— Carpe	28
— Chabot	30
— Dard ou vandoise	31
— Écrevisse	31
— Éperlan	33
— Esturgeon	34
— Gardon	34
— Goujon	35
— Grenouille	36

	Pages.
— Juerne, chevanne ou meunier...................	37
— Lamproie	38
— Loche.......................................	38
— Lotte..	39
— Ombre.......................................	39
— Perche......................................	40
— Saumon.....................................	41
— Tanche......................................	42
— Truite.......................................	42
— Veron.......................................	44
Conservation du poisson.........................	44
Divers genres de pêche..........................	46
— Pêche à rouler ou au coup...................	46
— Pêche à fouetter............................	46
— Pêche à la ligne dormante...................	47
— Pêche au lancé..............................	49
— Pêche à la grande volée.....................	49
— Pêche à la ligne à soutenir à la main..........	50
— Pêche à la ligne de fond.....................	51
— Pêche à la traînée...........................	51
— Pêche aux jeux..............................	52
— Petits jeux pour les anguilles.................	53
— Pêche de nuit dans les étangs................	54
— Pêche aux fascines..........................	55
— Pêche à la bouteille.........................	56
Des filets......................................	58
— De l'épervier................................	58
— Du gille.....................................	61
— De la trouble...............................	62
— De la senne.................................	63
— De l'échiquier ou carrelet....................	64
— Du verveux.................................	65
— De la louve.................................	66
— Du guideau.................................	66

	Pages.
— Du tramail	66
— De la nasse	67
— Autre genre de pêche	67
Résumé et conclusion	69
Calendrier du pêcheur	73
— Janvier	73
— Février	73
— Mars	74
— Avril	74
— Mai	74
— Juin	75
— Juillet	75
— Août	76
— Septembre	76
— Octobre	76
— Novembre	77
— Décembre	77
Loi sur la pêche	78
De la pisciculture	83
Culture artificielle des poissons d'eau douce	104

Des Aquariums.

I. — Aquariums du collège de France et du Jardin d'Acclimatation	109
II. — Construction de l'Aquarium, — choix de l'eau; — Influence de la lumière et de la chaleur	112
III. — Plantes, Poissons, Molusques, Reptiles et Insectes aquatiques	117

FIN DE LA TABLE.

Paris-Imp. PAUL DUPONT, 41, rue Jean-Jacques-Rousseau.

www.ingramcontent.com/pod-product-compliance
Lightning Source LLC
Chambersburg PA
CBHW060207100426
42744CB00007B/1207